“十三五”国家重点出版物出版规划项

山水家园

中国史前遗址博物馆

ZHONGGUO SHIQIAN YIZHI BOWUGUAN SHANSHUIJIAYUAN ZENGPIYAN JUAN

甑皮岩卷

丛书主编 王仁湘 张礼智

本册主编 韦 军

陕西新华出版传媒集团
陕西科学技术出版社
——西安——

图书在版编目（CIP）数据

山水家园：甑皮岩卷 / 韦军主编 . —西安：陕西科学技术出版社，2019.3（2019.10 重印）

（中国史前遗址博物馆 / 王仁湘，张礼智 主编）

ISBN 978-7-5369-7391-6

Ⅰ．①山… Ⅱ．①韦… Ⅲ．①新石器时代文化－文化遗址－研究－桂林 Ⅳ．①K878.04

中国版本图书馆 CIP 数据核字（2018）第 248921 号

中国史前遗址博物馆 山水家园 甑皮岩卷

韦 军 主编

出版人 崔 斌
策划编辑 赵文欣
责任编辑 李 栋 焦 洁
封面设计 余 文

出版者 陕西新华出版传媒集团 陕西科学技术出版社
西安市曲江新区登高路 1388 号陕西新华出版传媒产业大厦 B 座
电话（029）81205187 传真（029）81205155 邮编 710061
http://www.snstp.com

发行者 陕西新华出版传媒集团 陕西科学技术出版社
电话（029）81205180 81206809

印 刷 陕西金和印务有限公司
规 格 889mm×1194mm 1/16
印 张 8
字 数 130 千字
版 次 2019 年 3 月第 1 版
2019 年 10 月第 2 次印刷
书 号 ISBN 978-7-5369-7391-6
定 价 118.00 元

序

文物是人类在历史发展过程中遗留下来的遗物、遗迹。它是人类宝贵的历史文化遗产，反映各个历史时期、不同地域人们的生产和生活，包括衣食住行、婚丧嫁娶、祈福祭祀、与外界的互动，乃至内心活动等等物质和精神生活的表现，在制造和使用的当时起着活生生的作用。但是一旦埋入地下便成了一件件死物。在地下沉寂若干岁月后，一旦被人们发现，再经考古工作者发掘、整理和研究，便立刻恢复生机，生动地展现其活生生的一面，帮助人们了解其被制造和使用的情况、当时的社会和自然环境以及人们社会生活日常起居等方方面面的鲜活细节。将若干有联系的遗址的文物联系起来，就能复原各种文化现象的起源、发展、变化、转型、交流乃至消亡的过程和其中的历史规律。文物便发扬出“人气”，起到了“由物到人”的作用。但是此时文物的作用范围还局限于学术圈内，影响有限。

文物一旦作为展品通过博物馆进入观众的视野，其影响面便得以扩大，通过说明词和讲解员的生动讲述，一件件文物所体现的历史内涵组成一幅幅生动的历史画面，增长观众的知识，启迪有心人的思想，对他们为人处世的态度和原则，乃至人生观和世界观的形成就会起到或大或小的作用，此时的文物更显得生机盎然，其对现实社会的重要性更加得以凸显。

现今我国大多数人们生活小康乃至富裕，有条件参观许多博物馆，但是毕竟很难在短时间内遍历众多遗址。中国博物馆协会史前遗址博物馆专业委员会组织编写的《中国史前遗址博物馆》丛书汇集全国诸多重要史前遗址博物馆丰富的馆藏资料，用通俗易懂的文字，将各遗址的发现、发掘过程，各博物馆的历史沿革和发展历程娓娓道来，还将各遗址的遗迹和出土文物以及其他展品以图文并茂的方式生动地还原出来，以展现我国先民的物质生活和精神生活，引领读者走进尘封已久的岁月，感受我中华文化的深厚。

值此丛书即将付梓之时，西安半坡博物馆张礼智馆长嘱我为之作序，我虽俗务缠身，不能遍读样稿，但希望、也相信本丛书能帮助众多文物为更广大的人民大众展现它们的活力，有益于提高人民大众的家国情怀、文化自信，建立唯物主义的历史观和世界观，故勉力作序如上，供读者参考。

中国科学院院士　吴新智

2018年1月3日

陪你穿越到史前

人类的历史，可以分作史前史和文明史两个阶段。文明史并不难理解，它是人类有确切记载的历史。很多人也许并不很了解史前史的概念，史前的要义是指文明史之前的人类历史，是没有记载的远古历史，从人类诞生起，到有记述的历史止，便是史前史。

曾经有人将地球的45亿年历史压缩成1天，计算出晚上11点时，恐龙慢悠悠登上舞台，支配世界也只有半个多小时。午夜前20分钟，哺乳动物的时代开启，人类在午夜前1分多钟出现，而文明史不过是几秒钟的时长而已。我们要说的史前史，也就是这么1分多钟。

文明起源在时间上最早不过8000年前，这只占人类史的1%都不到，如果将人类起源后300万年的全史压缩成1天，那也就差不多是2分多钟。而且关于人类起源的历史上限还在往前提，这个2分多钟的文明史基本可以忽略不计。整个300多万年甚至更长的史前史，它经历了一个怎样的发展过程呢？

这个过程经历了——

人类诞生与进化，从猿到人，经历猿人类、原始人类、智人类、现代人类4个进化阶段。

人类社会产生与发展，由婚姻组成家庭，由氏族社会进入等级社会。

人类发明了用火和造火技术，由生食转变到熟食。

逐渐掌握制作工具技术，经历了旧石器时代和新石器时代。

发明农业种植和家畜饲养业，从采集游猎经济转入农业和畜牧经济。

发明建筑技术，由自然洞穴居所进入人工建筑居所，由时常迁徙进入定居生活。

因血缘氏族形成聚落，又因部落联盟筑城而居。城邑居民因产业出现分工，因贫富形成等级，因社会复杂化导致邦国建立，千城星罗，万邦林立。

逐渐形成埋葬死者的墓葬制度，信仰祖先神崇拜，这是史前造神运动的开始。

发明制陶技术，烹调水准提升。发明煮盐，有了基本的调味品，促进了体格健康。发明酿酒，主要用于祭祀仪式。

艺术由萌芽到发展，刻画和雕塑艺术渐趋成熟，彩陶奠定了史前至历史时期的艺术传统，这是由造神运动掀起的艺术浪潮。

琢玉由装饰器转向礼器制作，将造神运动推向又一个高潮，这是东方独有的文化传统。

中心城邑出现，宏大的治水工程见诸实施，建构起初级国家管理机构。

最后，人类终于走出混沌，文明诞生，王权与神权结合，国家出现。

我们所知的中国史前时代，也许只是大略知道旧石器时代和新石器时代，不知道还有这样丰富的内容，不知道有如此久远的历史。

如此久远的年代，我们如何了解它？

古代的先贤，也曾考究过这古老而漫长的时代，留下了一些神话与传说，三皇，五帝，便是那个传说时代的主人。对于史前更多的细节，那时代真实的面貌，他们不可能有真切的了解。

我们当然不能总是陶醉在传说时代，内心希望有真凭实据来说话。

现在我们不必着急了，有考古学家做向导，他们可以带我们穿越到史前。我们可以直接进入智人居住过的洞穴，可以直接进入新石器时代居民的废墟，可以发现史前真实存在过的许多场景与细节。

虽然年代如此久远，但那也是一个看得见摸得着的时代。考古学家通过考古发掘，发现了一个个史前遗址，那是史前先民生活过的地方。这遗址上保存着先民的创造，石器陶器依然那样精致。大大小小的茅屋，深深浅浅的火塘，似乎还有袅袅飘起的炊烟。排列整齐的墓穴，各种各样的随葬品，似乎隆重的葬仪刚刚结束。在遗址里我们可以发现史前人的所作所为、所思所想，你甚至还可以由他们留下的艺术品，揣摩先祖们当初的情怀与梦想，还有对宇宙的观察与理解。

考古学家将丰富的史前文化遗存揭示出来，将一些重要的遗址保护起来，兴建遗址博物馆向公众展示这些发现，兴建遗址公园供公众访古游览。在中国目前这样的博物馆已经建起20多座，数量还在逐年增加。

这些史前遗址博物馆各有特色，有旧石器和新石器的时代区别，也有南北地域的不同。有的是城址，有的是大型居址，也有的是墓地。在建设遗址博物馆的同时，有的还建成国家考古遗址公园。

例如属于旧石器时代及古人类遗址的博物馆，有北京周口店北京人遗址博物馆、南京直立人遗址博物馆，还有柳州白莲洞洞穴科学博物馆。

属于新石器时代仰韶文化的博物馆，有陕西西安半坡博物馆、宝鸡北首岭博物馆、河南渑池仰韶文化博物馆和郑州大河村遗址博物馆。

东北区域有辽宁沈阳新乐遗址博物馆、阜新市查海遗址博物馆、凌源牛河梁红山文化遗址博物馆、内蒙古敖汉旗红山文化博物馆。

各地属于新石器早中期的遗址博物馆有广西桂林甑皮岩遗址博物馆、浙江萧山跨湖桥遗址博物馆、余姚市河姆渡遗址博物馆和甘肃秦安大地湾遗址博物馆。

属于新石器时代晚期的遗址博物馆有杭州良渚博物院、济南城子崖遗址博物馆、青海乐都柳湾彩陶博物馆、民和喇家遗址博物馆和福建昙石山遗址博物馆。

这样多的史前遗址，这样多的遗址博物馆与遗址公园，对于大多数人来说，都走上一遍是不太可能的。好了，我们现在有了这样一套《中国史前遗址博物馆》丛书，可以弥补这个缺憾。你暂时走不到的博物馆，在丛书中可以读到。你也可以先由丛书寻找出你感兴趣的博物馆，有目标、有选择地去参观游览。

这套丛书的编写和出版，充分考虑到了读者的需求，资料科学可靠，文字比较平实，印制也很精美。这一套丛书，一册就是一位导游，也是极好的导览。或者可以说这丛书就是一张张请柬，就是一个个约定，邀你一起穿越到久远的史前，去探访先人居住过的地方，去历史长河的源头观赏一道道神秘的风景。

每走进一座史前遗址博物馆，相信你都会有不一样的收获。每一座博物馆，都有不一样的风景。当你从一座座史前遗址博物馆出来，对过去了然于胸，对现在信心倍增，对未来一定有了更多的期待。

就这样约定了，让我们一起走进史前遗址博物馆，去见识那久远的岁月，去会一会史前先民。

中国社会科学院考古研究所研究员　王仁湘

2018 年春节于北京

山水家园 · 甑皮岩

桂林甑皮岩遗址博物馆成立于 1978 年，主要负责全国重点文物保护单位甑皮岩遗址的保护、管理、研究、展示和参观接待工作。馆区面积约 140 亩（9.3 万平方米），包括甑皮岩所在的独山和洞外坡地以及水域。

经过 40 多年的建设和发展，桂林甑皮岩遗址博物馆已成为在全国具有一定影响的史前类遗址博物馆。1986 年 1 月，邓小平同志莅临参观，甑皮岩遗址博物馆是邓小平唯一参观过的史前类遗址博物馆。

2003 年，甑皮岩遗址博物馆进行了大规模的环境整治和改造工作，并重新设计、制作了集科学性、通俗性、趣味性、观赏性于一体的基本文物陈列——万年前的桂林人。新的文物陈列以其独特的方式，从不同的角度展示了甑皮岩遗址的发现和发掘过程，地层和文化的分期，以及甑皮岩人的体质面貌、种属渊源、葬俗、服饰、生产方式、制陶技术、生活习俗、宗教意识等内容。2015 年，新展陈“桂林 · 山水家园”与游客见面。从而甑皮岩遗址博物馆的展陈从介绍甑皮岩遗址逐步转向整体介绍桂林史前文化。

当你参观甑皮岩遗址博物馆时，犹如穿越时空，回到万年前的桂林，与“万年前的桂林人”亲密接触，欣赏他们的珍贵文物，了解他们的独特文化，感受他们的万年情怀。

本书在编写过程中，得到了各级领导、考古学家、各史前遗址博物馆、社会各界人士的大力帮助与支持，在此深表谢意！其中特别感谢陕西科技出版社编辑们，在他们的辛勤劳动下，本书得以顺利出版。

本书在编写过程中，主要参考了张子模《甑皮岩遗址研究》，谌世龙《桂林庙岩洞穴遗址的发掘与研究》，傅宪国等《桂林地区史前文化面貌轮廓出现》，傅宪国等《桂林甑皮岩遗址发现目前中国最原始的陶器》，中国社会科学院考古研究所等《桂林甑皮岩》，漆招进等《寻访万年前的桂林人》，周海等《史前明珠甑皮岩》，陈向进等《甑皮岩首期陶双料混炼工艺及陶雏器初探》，陈向进等《陶雏器——桂林甑皮岩首期陶》，及中国社会科学院考古研究所、广西文物保护与考古研究所、桂林甑皮岩遗址博物馆、桂林市文物保护与考古研究院、中国民主同盟广西壮族自治区委员会经济委员会于 2016 年形成的《关于“陶雏器”研究成果的综合意见》（内部研究资料）。同时对其他研究者一并表示感谢！

桂林甑皮岩遗址博物馆

目　　录

contents

第四章 智慧先民

第五章 面向未来

第一章

古老地书

甑皮岩遗址位于『山水甲天下』的广西桂林南郊象山区的独山西南麓，因山体外貌形似当地的甑锅之盖，故被方言称为甑皮岩。经过3次抢救性的发掘工作，甑皮岩遗址才展现在我们面前。在距今12000～7000年间，甑皮岩先民就生活在这依山傍水、美丽富饶、宛若仙境的地方。

甑皮岩遗址

五岭皆炎热，宜人独桂林。

桂林，这块曾经是海洋的古老土地，经过亿万年的沧海桑田，如今已变成最适合人类居住的地方。这里的奇山、秀水、幽洞、美石，无一不是人间极品，而生长其间的珍禽稀兽、奇花异卉更使桂林充满灵气，宛若仙境。

桂林属于中亚热带季风区，具有光照充足，雨水充沛，夏长冬短，四季温和的气候特征。春来百花争艳，夏时绿树成荫，秋季花果飘香，冬天霜雪少有。

甑皮岩遗址就位于广西桂林南郊象山区的独山西南麓，因山体外貌形似当地居民的甑锅之盖，故方言称为“甑皮岩”。

甑

甑，古代蒸饭的一种瓦器。底部有许多透蒸汽的孔格，置于鬲上蒸煮，如同现代的蒸锅。南宋诗人陆游在《杂题六首》中就有诗言：“朝甑米空烹芋粥，夜缸油尽点松明。”

甑皮岩遗址俯瞰图

地理位置

桂林是世界上溶岩峰林发育最集中、最典型的地区，石峰平地峭拔，四野林立。漓江蜿蜒舒缓地萦绕着簇簇青山，山水相依，环境优美，兼之无山不洞，气候温暖湿润，动植物资源丰富，为古代人类提供了良好的生存条件。已知的考古材料证实，从旧石器时代晚期开始，原始先民就在桂林这块土地上择穴而居，繁衍生息，创造了特色鲜明的史前文化。

甑皮岩遗址位于桂林市南郊象山区独山西南麓，北距桂林市中心约 9 千米，东边约 4 千米处就是闻名遐迩的漓江。

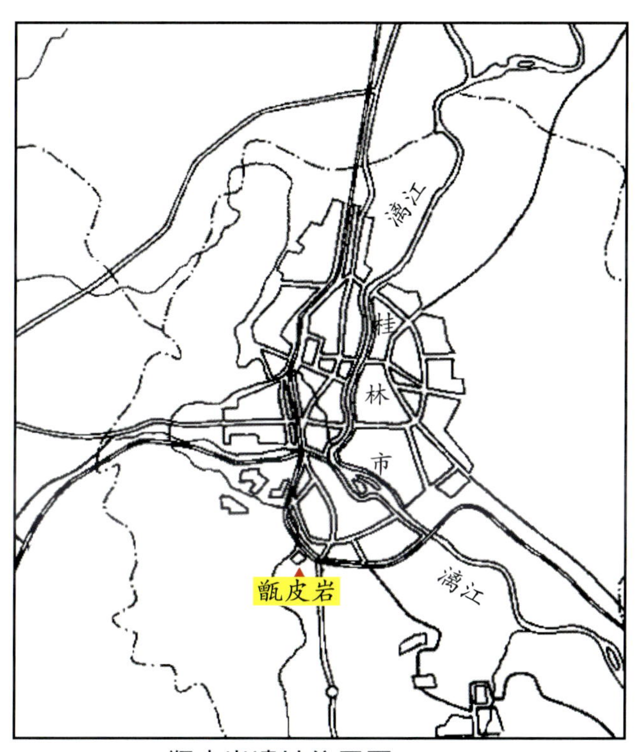

甑皮岩遗址位置图

甑皮岩遗址洞口

如今的独山坐落于漓江二级阶地西缘，为一石灰岩孤峰，相对高度 89 米。峰体形态为单斜型，山体自东南向西北逐渐抬升，西面至西南呈陡坎状边壁。在坎状边壁的基部有 4 个小型顺层的溶洞，甑皮岩是其中最大的一个。周围是溶蚀平原，平原海拔 149 米。西面 2 千米外为绵延的石灰岩峰林，东面约 4 千米处为桂林地区的主要河流漓江。独山峰体与周邻峰体、平原区岩层性状非常一致，无错动现象，均为单斜地层，未见断层等发育，因此，本区地下水主要以水平径流为主，溶洞都是顺层面的洞穴、地下河和裂隙，未见有垂直型溶洞（竖井、漏斗）。

甑皮岩的地貌形成及年代

甑皮岩洞穴属脚洞型洞穴，由主洞、矮洞及水洞 3 部分组成。主洞进深 19.4 米，最宽处约 15 米，高度为 0 ～ 4 米，总面积约 220 平方米。矮洞在主洞西侧，面积最小，宽 5.5 米，最高约 1.7 米，发育有少量的钟乳石。水洞在主洞的东南侧，水洞是常年性地下河，面积较大，长约 40 米，宽 3 ～ 4 米，枯水期水面低于主洞地面 2 ～ 3 米。

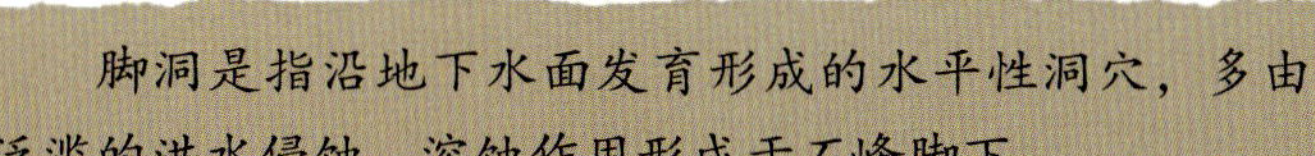

甑皮岩洞穴平面示意图

甑皮岩洞穴背风向阳，右侧水洞内的地下河一年四季为甑皮岩人提供着干净清冽的水源。周围的湖沼、水塘和洼地，提供着丰富的水生螺蚌。还有不少的峰丛山地，是原始先民从事捕捞，采集和狩猎的良好地区。这里为甑皮岩人提供了良好的生活环境。

甑皮岩洞穴内的堆积以洞口处为最高，自洞口往里向左侧呈 10° 左右的缓倾斜。堆积物包括化学堆积和文化堆积两类。化学沉积物包括石钟乳、石笋、石梯田、层状钙华板和穴珠。石钟乳和石笋在主洞中仅有两处，规模不大的石钟乳和石笋主要发育在矮洞中。测定结果表明，石钟乳和石笋几乎同时在距今 11000 年停止生长。石梯田发育于主洞体的东北隅，呈阶梯状，表明片状流水来自东北 20° 方向。层状钙华板厚 10 ～ 100 厘米，随洞内的堆积地势呈倾斜状，愈往洞里地势愈低，钙华板也越厚。层状钙华板直接覆盖于文化层之上。

穴珠：也叫洞穴豆石或洞穴鲕石，是一种在石灰岩洞穴内淡水环境中生成的球状颗粒，其内部结构与鲕粒相似。如果水持续滴落的话，穴珠会因为滚动时与地面互相摩擦使得表面变得极为光滑。穴珠小的为鲕粒，大的呈球状和饼状。

钙华板：又称石灰华，是在地表由岩溶泉、河、湖水沉积形成的大孔隙次生碳酸钙，一般具有多孔隙的海绵状结构，以及薄层壳状、块状构造。其成因是由于岩溶地区的地下水或地表水在适宜的环境下，且往往是在植物作用影响下，导致碳酸钙过饱和而沉积。

石钟乳：又称钟乳石，是指在碳酸盐岩地区洞穴内渐渐形成不同形态的碳酸钙沉淀物的总称。其形成需要上万年或几十万年时间，广西、云南等地钟乳石资源非常丰富。

石笋：形如竹笋出土，自下向上生长，石笋对研究古气候变化和预测未来气候变化提供着重要的参考依据。

根据洞穴的发育以及对沉积物的测定结果表明，甑皮岩是在更新世晚期(大约距今15000年前)，由于地表河流溶蚀的结果，发育成了顺层状脚洞。当洞穴抬升以后，由于洞内滴水，产生了石钟乳和石笋沉积。到了距今12000年左右，由于气候变得炎热，滴水量减少，洞内干燥，洞口又向阳，为人类提供了居住条件。由于人类在洞内的活动，逐渐形成了文化堆积。到了全新世中期（距今7500～6600年），因雨量增加，洪水泛滥，文化层被湮没。洪水退后，洞顶大量的滴水下落。沿着文化层斜坡流淌，造成较长时间（距今6600～3000年）的片状流水沉积，形成了钙华板，封存了文化层。随着沉

甑皮岩洞穴遗址全景

地质学一般用代、纪、世来划分地质时代，代下分纪，纪下分世。地球的历史大约是 45 亿年，分为五个代，即太古代、元古代、古生代、中生代和新生代。新生代是恐龙灭绝以后哺乳动物繁荣的时代。新生代分为第三纪和第四纪两个纪。第三纪又细分为古新世、始新世、渐新世、中新世和上新世五个世，第四纪又细分为更新世和全新世两个世。第四纪的时间范围大约是从距今 300 万年前到现在，其中从 300 万年到 1.2 万年前是更新世，从 1.2 万年前到现在是全新世。也就是说，现在的地质时代属于新生代第四纪全新世。

积作用的不断进行，地下水位的逐渐下落，形成了下层的溶蚀廊道，而洞穴中滴水量减少，仅沿裂隙形成少量的石钟乳和石笋。

从甑皮岩遗址地貌形成上看，1 万多年的甑皮岩洞穴无疑在桂林众多的洞穴中属于较为年轻的洞穴，而从甑皮岩文化遗存上来说，1 万多年的甑皮岩遗址文化堆积，相对于今天的人类而言，无疑又是一部相当古老的地书。

随着甑皮岩遗址的发掘，诸多遗迹、遗物的出土，人们终于揭开了甑皮岩遗址的大门，并由此可以勾勒出距今 12000 ～ 7000 年间桂林原始文化的发展轨迹以及复原甑皮岩先民的生活场景。

走进甑皮岩

甑皮岩遗址的发掘堪称20世纪70年代华南洞穴考古中最重大的发现，也是当时全国最具有影响力的考古发现之一。遗址自1965年发现古人类踪迹后，于1973年首次科学发掘；2001年，再次科学发掘。甑皮岩遗址从默默无闻到名闻天下经过了几代考古工作者的辛勤付出。

甑皮岩的发掘历程

1965年5月，广西壮族自治区文物管理委员会组织的文物普查工作在桂林地区展开；6月3日，文物普查工作组发现甑皮岩遗址，并进行了初步试掘，出土了5具人骨架、38件器

1965年6月，文物普查队对新发现的甑皮岩遗址进行试掘工作(从右至左：蒋廷瑜、张益桂、方一中、梁彬、李玉瑜)。

物。但是由于种种原因，该遗址进一步的发掘被迫中断。

1973年6月20日，桂林市文物管理委员会组成清理小组进驻甑皮岩，开始了抢救“甑皮岩人”的首次清理发掘工作。考古学家阳吉昌先生担任发掘清理小组组长，赵平为遗址发掘组的重要参加者之一。

阳吉昌（右）和赵平（左）正在进行甑皮岩遗址抢救性发掘工作

阳吉昌，毕业于北京大学考古专业，1973年担任甑皮岩遗址发掘主持人，甑皮岩遗址博物馆的第一任馆长。赵平，1973年甑皮岩遗址发掘参加者之一。他保留了大量关于甑皮岩遗址的珍贵资料和照片，为日后研究甑皮岩遗址提供了重要史料。

第一次发掘工作从1973年6月一直持续到1975年8月。试掘时将地层分为3层，第一层，扰土层，灰褐色黏土，含近代的瓷片、灰烬等，厚0.2米。第二层，乳黄色钙华板层，仅分布在试掘坑西北角，厚0.1～0.3米。第三层，文化层，土质疏松，含螺壳、兽骨等，厚2.6米。

考古界把那些主要由于人类活动形成并包含人类文化遗物和遗迹的堆积物称作文化层。不同时期形成的文化层其包含物是不一样的，它们从下往上、从早到晚一层层叠压着，考古工作者凭知识和经验把它们区分出来，并根据下面的文化层早于上面的文化层的规律判别出它们的相对年代，这样不仅能够了解每个文化层形成时期人类的发展水平，还可以了解不同文化层形成时期人类文化的变化，揭示他们的发展历程。因此，文化层被称为无字地书，蕴涵着古代社会的大量信息。史前时期还没有文字，考古专家在研究史前文化时，主要就是根据不同时期文化层的堆积来进行鉴别。

第一次发掘将遗址笼统定为5000年前的新石器时代晚期，为华南考古提供了重要资料。但一些关键问题没有得到很好地解决，故而进行了第二次发掘工作。

1973年发掘出土的墓葬

第二次发掘工作在2001年4～7月，由中国社会科学院考古研究所、广西壮族自治区文物工作队、桂林甑皮岩遗址博物馆、桂林市文物工作队一起合作，并借助高科技手段对甑皮岩遗址进行了再次挖掘。

2001年5月，中国社会科学院考古研究所傅宪国研究员（左）和桂林市文物工作队刘琦队长（右）进行甑皮岩遗址发掘工作。

第二次发掘，考古人员明确了遗址的文化堆积状况和层位关系，获得了大量地层关系明确的文化和自然遗物，包括陶片、石器、骨器和蚌器等史前人类生活工具和生产工具以及人类食用后遗弃的水、陆生动物遗骸。另发现墓葬5 座、石器加工点1 处。并将甑皮岩遗址分为32 个自然分层和5 个时期的文化堆积层，并确定甑皮岩先民活动在距今12000 ～7000 年间；同时，重新发掘的遗址发现生存的动植物种类比原先增加了很多，仅动物就由70 多种增加为113 种，表明了这个洞穴被甑皮岩人间歇性地使用了很长时间。特别值得一提的是，其中一种鸟类还被命名为“桂林广西鸟”。此外，根据出土的陶片分析，桂林也是我国陶器的发源地之一。

2001 年，中国社会科学院考古研究所傅宪国研究员主持发掘甑皮岩遗址。

至2001 年初甑皮岩第二次发掘前（1965 年试掘方不计在内）。甑皮岩遗址（包括主洞、矮洞、水洞）被分为A、B、C、D、矮支洞、矮洞及水支洞等7 个区。7 个区共分布大小不等、方向不一的探方21 个，包括AT1、BT1 ～BT3、CT1、DT1 ～DT9、矮支T1 ～T3、水支T1 ～T3、矮洞口（T 代表探方，1 代表探方的编号。AT1 即A 区编号为1 的探方，其他以此类推）。其中主洞被分为A、B、C、D 4 个区，包括AT1、BT1 ～BT3、CT1，DT1 ～DT9 计14 个探方。矮支洞包括矮支T1 ～T3 计3 个探方。水支洞包括水支T1 ～T3 计3 个探方。矮洞口有1 个探方。2001 年发掘工作结束后，考古学家又沿 DT3-DT4-DT5、DT1-DT2-DT6 和

AT1-BT1-BT2 测量了 3 个南北向剖面；沿 DT3-DT1-BT1-BT3、矮支 T1-DT4-DT2-BT2、DT5-DT6 测量了 3 个东西向剖面。

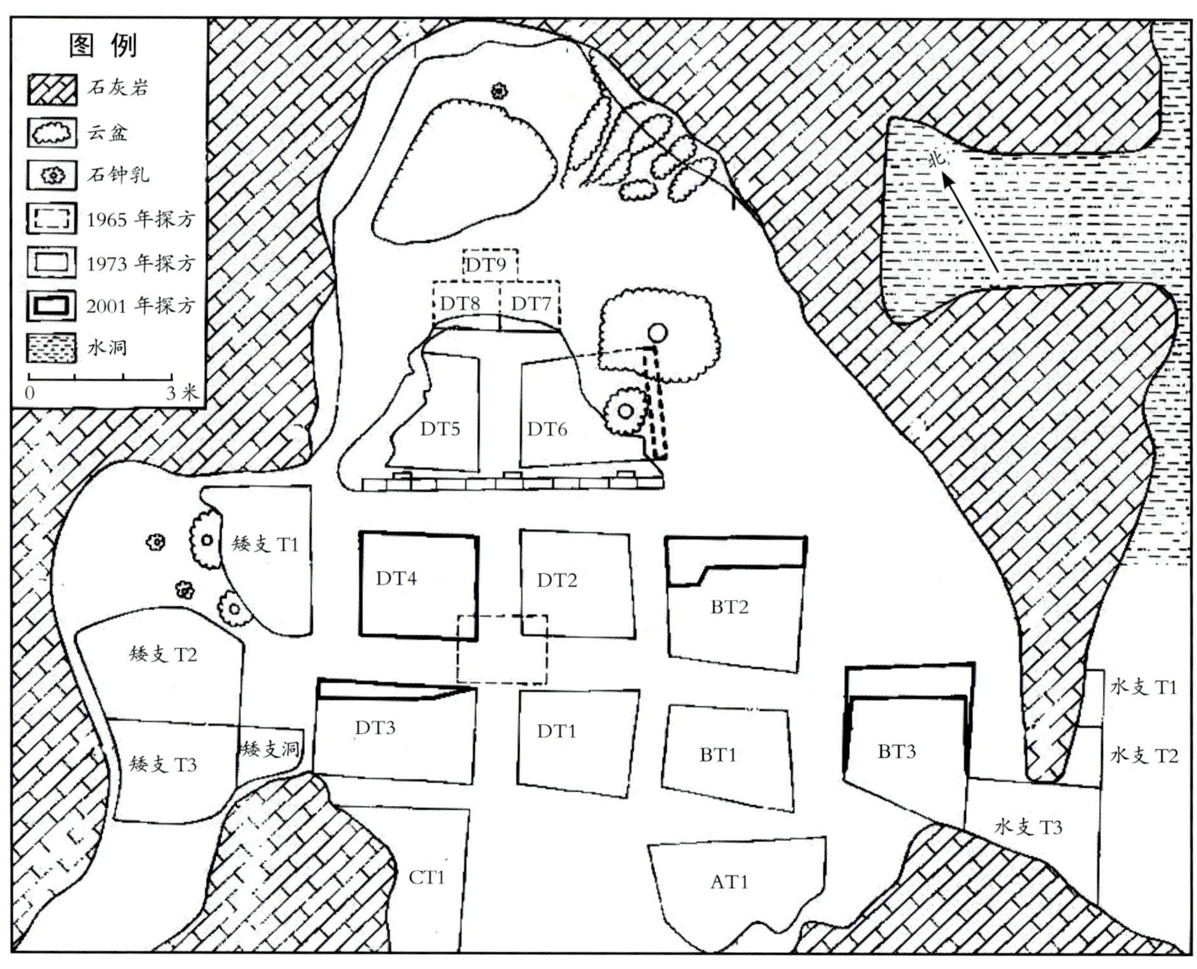

甑皮岩遗址探方分布图

研究成果

经过几次发掘，考古学家研究后得到了一些重要研究成果。

确立了甑皮岩遗址文化分期

2003 年 11 月，中国社会科学院考古研究所、广西文物工作队、桂林甑皮岩遗址博物馆、桂林市文物工作队等单位联合发布中国田野考古报告集《桂林甑皮岩》，确定了甑皮岩史前文化遗存分为五期，第一期距今 12000 ～ 11000 年，第二期距今 11000 ～ 10000 年，第三期距今 10000 ～ 9000 年，第四期距今 9000 ～ 8000 年，第五期距今 8000 ～ 7000 年。

甑皮岩遗址出土的遗迹和遗物

在历次调查和发掘中共发现27座人类墓葬，1处石器加工点及火塘、灰坑等生活遗迹，出土打制和磨制石器、穿孔石器、骨器、角器、蚌器数百件，捏制和泥片贴筑的夹砂与泥质陶器残片上万件。人类食后遗弃的哺乳类、鸟类、鱼类、龟鳖类、腹足类和瓣鳃类动物骨骼共计113种。

确定了甑皮岩先民人种的问题

根据考古资料研究表明，甑皮岩人属于南亚蒙古人种，并且具有非洲赤道人种的一些特征，是现代部分华南人和东南亚人的古老祖先之一。以甑皮岩考古遗存为代表的这一种以广谱渔猎采集、简单陶器和砾石工具为特征的史前文化，代表了全新世早期到中期史前人类在亚热带和热带地区的一种最佳适应方式。

是中国制陶技术的重要起源地之一

甑皮岩遗址第一期的年代为距今12000年左右，其出土的未经250℃以上温度烧制的成形陶器，是陶器研究史上的重大发现，对研究陶器的起源有着重大意义。同时，甑皮岩遗址的陶器延续到距今7000年左右，对研究陶器的发展也有着十分重要的作用。

关于甑皮岩文化的学术著作和研讨

关于甑皮岩文化除出版田野考古报告集《桂林甑皮岩》外，还有《广西桂林甑皮岩洞穴遗址试掘简报》(1976年《考古》)《广西桂林甑皮岩新石器时代遗址的人类头骨》(1977年)

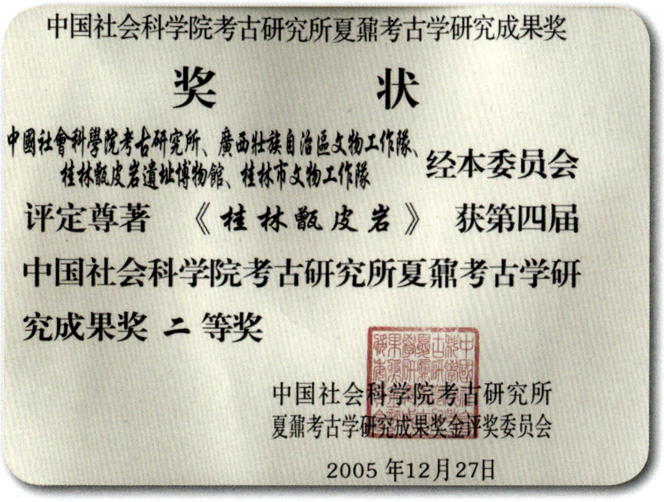

中国社会科学院考古研究所夏鼐考古学研究成果奖

奖　状

中國社會科學院考古研究所、廣西壯族自治區文物工作隊、桂林甑皮岩遺址博物館、桂林市文物工作隊 经本委员会评定尊著《桂林甑皮岩》获第四届中国社会科学院考古研究所夏鼐考古学研究成果奖 二 等奖

中国社会科学院考古研究所
夏鼐考古学研究成果奖金评奖委员会
2005年12月27日

《桂林甑皮岩》获奖证书

2005年12月，《桂林甑皮岩》被评为“中国社会科学院考古研究所夏鼐考古学研究成果奖”二等奖。

《广西桂林甑皮岩遗址动物群》（1978 年）《碳 -14 年代测定报告》（1979 年）《广西桂林甑皮岩洞穴遗址文化层盖板的成因探讨》（1980 年）《广西桂林甑皮岩洞穴遗址中的淡水瓣鳃类》（1981 年）《石灰岩地区碳 -14 样品年代的可靠性与甑皮岩等遗址的年代问题》（1982 年）《广西桂林甑皮岩洞穴中的腹足类化石》（1983 年）等一系列非常有研究价值的论文。这些研究涉及甑皮岩遗址的地质成因、古人类体质特征与人种、动物群、生业形态、年代等诸多方面，开创了我国史前遗址多学科综合研究的先河。

此外，还举办了“原始社会史暨甑皮岩遗址学术研讨会”“华南及东南亚史前考古——纪念甑皮岩遗址发掘三十周年国际学术研讨会”“2010 中国桂林 · 史前文化遗产国际高峰论坛暨中国博物馆协会史前遗址博物馆专业委员会第八届学术研讨会”“大遗址保护与旅游融合高峰论坛暨国家考古遗址公园联盟第五届联席会”“中国南方史前考古暨桂林父子岩遗址发掘学术研讨会”等。

华南及东南亚史前考古——纪念甑皮岩遗址发掘三十周年国际学术研讨会现场

第二章

多彩遗存

甑皮岩遗址文化堆积深厚，文化内涵丰富。依地层叠压关系及出土文化遗物的变化，可将甑皮岩遗址分为史前和宋代两大时期，其中，史前文化遗址地层变化相当复杂，自然堆积层次多达32层，这充分表明了这个洞穴曾被原始人多次使用过。考古学家将甑皮岩遗址的新石器时代文化堆积划分为5个文化层，分属5个不同时期的文化遗存。

考古学家通常通过文化分期来研究一个遗址的文化发展历程。一个或几个文化遗物相同或相近的地层构成一个文化层，一个或几个文化遗物相同或相近的文化层构成一个文化期。依地层叠压关系及出土文化遗物的变化，甑皮岩遗址的新石器时代文化堆积被划分为5个文化期。

甑皮岩遗址DT4地层剖面

DT4清理出自然堆积31层之多，发现了甑皮岩第一至第五期的文化遗存。

第一期文化遗存

第一期文化遗存位于文化堆积的最下部，是甑皮岩内最早的人类文化遗存，时间在距今12000～11000年前之间。发现生活遗迹、石器加工场及陶器、骨器、蚌器等遗物。由此可见，当时甑皮岩不仅是甑皮岩人的居住地，而且也是他们的工具制造场。

第一期甑皮岩人——如果我们不是仅仅把他们看作居住在甑皮岩的人，而是那一时期桂林原始人类总称的话——是中国最早烧造陶器的人群之一。遗址出土了一件烧成温度极低（不超过 250℃）、胎质疏松的陶釜是该遗址第一期发现的唯一一件陶器。虽然这一时期的甑皮岩人烧造的陶器是仅用于烹煮的粗糙的敞口、浅斜弧腹圜底釜或罐，且制造工艺非常原始，烧制温度非常低，但是这却是一个了不起的发明，它不仅改变了甑皮岩人的饮食习惯，也扩大了他们的食物范围（比如螺蛳和蚌蛤）。陶器的制作见证了中国原始人从单纯利用自然物质向改造自然物质的一次飞跃。

第一期甑皮岩人生产工具主要是用于采集的石砍砸器、石尖状器和骨铲、蚌刀，用于狩猎的石锤、穿孔砾石器、石切割器，用于渔捞的骨锥、牙锥，而且堆积中兽骨、螺壳、蚌壳很多，不易保存的果核也有发现，由此推断出他们获取食物的方法主要是采集和渔猎。他们制作工具的原材料有竹竿、木棍、河卵石、兽骨、蚌壳等，制作工具的方法主要是直接打击法，即用石锤直接在原材料上敲打，使之成型为所需要的工具，这种方法在旧石器时代就已经广泛运用，可以说已经沿袭了几万甚至几十万年。

甑皮岩一期的石锤以细砂岩、粉砂岩为主，有少部分的花岗岩。以扁圆形为主。器身散布有大小、数量不等的崩疤、凹疤和打击麻点，使用痕迹多见于器侧周围边缘，部分见于两面中间部分。种类包括盘状石锤、有凹石锤、半球状石锤、条状石锤和不规则石锤。

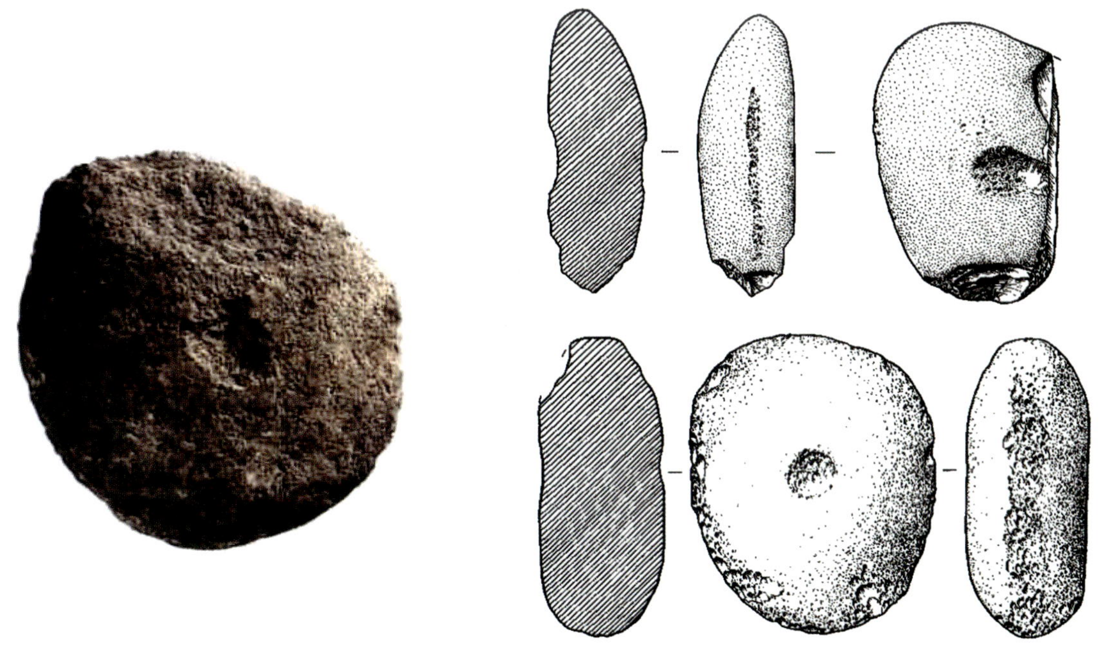

第一期出土的有凹石锤

甑皮岩出土的砍砸器多以粉砂岩和细砂岩为主，尖状器以细砂岩为主。砍砸器均打制而成，器身保留部分或大部分砾石自然面。器型较大，以大、中型居多。单向打制为主，部分器物刃缘有明显的二次休整痕迹。刃面多较陡，刃缘处多有使用痕迹。包括单边直刃砍砸器、单边弧刃砍砸器、双边刃砍砸器和盘状砍砸器。

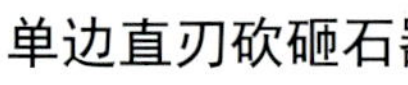

单边直刃砍砸石器

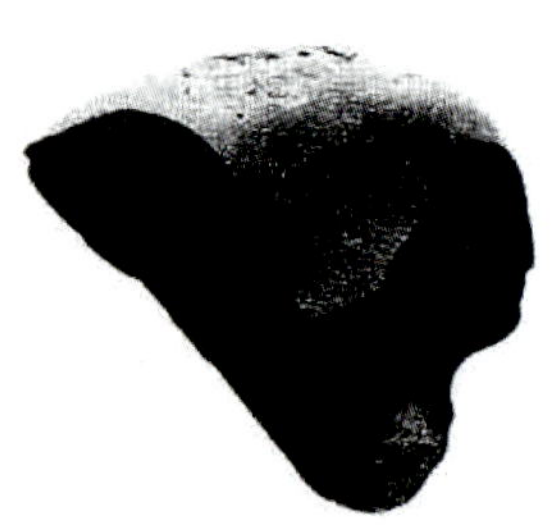

第一期出土的尖状器

出土位置：DT4
出土时间：2001年
所属时代：甑皮岩第一期
尺寸大小：长9.6厘米，宽4.6厘米，厚5厘米，重330克

甑皮岩第一期的穿孔石器，石质为灰黑色细砂岩。器体圆而厚。使用两边对琢法在天然砾石中央打出两个相对的圆形凹坑，然后钻磨穿透，孔内壁中央最小处有钻磨而成的光滑磨面。

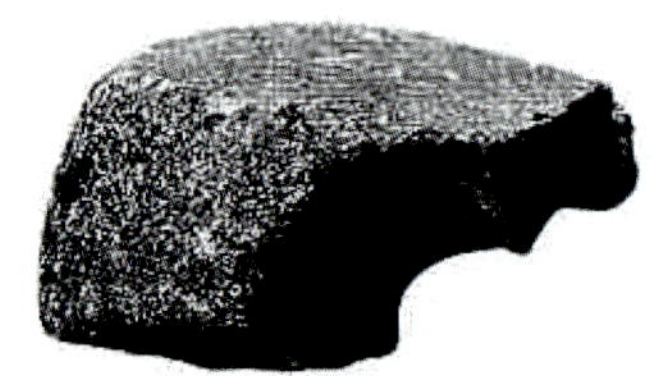

第一期出土的穿孔石器

打制石器

打制石器属于旧石器，但在新石器时代早期仍广泛使用，甚至到新石器时代晚期仍有使用。甑皮岩遗址的打制石器数量远多于磨制石器和穿孔石器，其中第一至第四期均为打制石器。砍砸器的功能类似于后来的石斧，可作砍、斫、砸、挖之用，但不安柄而直接用手握。

切割器的质地以粉砂岩和细砂岩占绝大多数。大多以稍大而锋利的石片直接作为工具使用，少量利用适合的石片进行二次加工而形成刃缘。器形扁薄，多有明显的使用痕迹。

棒形石凿是间接打击法制作石器时的中间介物。一般用长条圆形或扁圆形的天然砾石充当，不经加工，两端较尖圆。石凿上端与石锤接触，下端与被打击加工的石器接触，所以经石锤击打后，多在石凿顶端留下锤击时产生的麻点或小片疤，在下端则形成大小不一的崩疤。

第一期出土的切割器

第一期出土的棒形石凿

骨制品是将各类动物骨骼碎片经过人类加工制成的，第一期发现的骨制品除骨器如骨锥、骨铲及鱼鳔外还有一些加工过程中产生的残次品。这些骨制品具有以下的几个特征：第一，人类有意识地加工成某种器物形状。从骨片的劈裂面可以较明显地看出打击片疤和修整片疤（这些疤痕有基本一致的方向性或规律性），从而形成作为某类工具的特定形状。第二，骨制品采用了磨制加工、火烤、钻孔等技术。骨制品的磨制加工技术是最容易确认的，其器形一般较为规整。第三，与他物不断摩擦，刃缘常会产生细碎的崩疤，刃面会逐渐形成一定程度的磨滑面。

骨铲

出土位置：DT4

出土时间：2001年

所属时代：甑皮岩第一期

尺寸大小：长8.9厘米，宽4.4厘米，厚1厘米

角制品包括角铲和角锥，角锥是用鹿角尖制成，角铲用鹿角制成。

角锥

横剖面近圆形。器表浅灰黄色，可见较明显的人工砍痕，锋端有使用的痕迹。

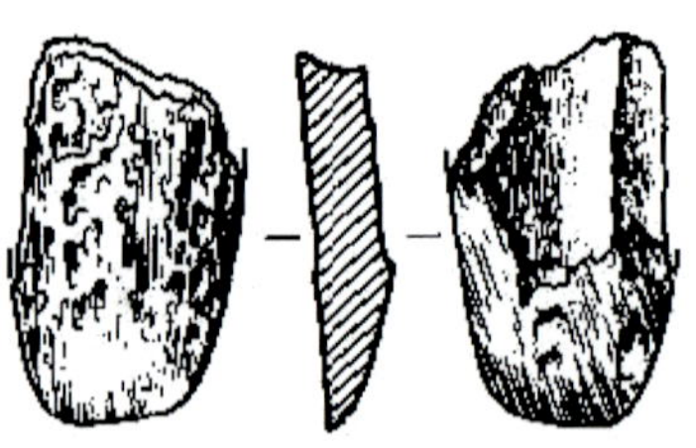

角铲

横剖面呈凹形。青灰色，背面为凹凸不平的鹿角面。刃面有明显的磨痕，正面两侧切割加工不甚规整，可见起伏的片疤痕，后端骨松质保留较完整。前端刃部渐收成舌形刃，刃缘处有磨痕。

在甑皮岩遗址的堆积物中含有部分经人类取食后遗留的蚌壳，其中有一部分可明确地认定为人类加工制作的蚌制品。这些蚌制品利用蚌壳长而薄的边缘作刃缘，大多有明显属于人类有意识加工的打制、磨制及钻孔等痕迹。由于长久使用，有些在刃缘或蚌壳面形成了明显的崩疤和磨滑面。

双孔蚌刀

出土位置：DT6
出土时间：2001年
所属时代：甑皮岩第一期
尺寸大小：残长5.9厘米，孔径0.6厘米

蚌刀

蚌刀在甑皮岩遗址各期均有出土，有无孔、单孔、双孔之分。采用对钻方法穿孔，孔近圆形或椭圆形，用于穿绳绑缚于手指或木柄上。直接利用蚌壳口缘作为刀口，少数稍加磨砺。蚌刀应是采集和加工植物茎叶、果穗、块根的工具，但一些小型无刃穿孔蚌器也可能是装饰品。

第一期发现的牙制品是用兽的犬牙制成，称为牙锥。

牙锥

出土位置：DT4
出土时间：2001年
所属时代：甑皮岩第一期
尺寸大小：残长5.7厘米，径1.7厘米

在早期生活遗留物中还有很多没有加工过的石料和未加工成型的石器半成品，其数量之大，可称为一个作坊。这些石料都是出自漓江的河卵石，可见当时的甑皮岩人是到漓江边选取河卵石作为原材料，再搬回居住的地方加工成所需的工具。还有一些砾石不适宜用来加工石器，可能是人们在挑选砾石的时候无意带回的，也可能是随成人一起去漓江采集石器原材料的儿童采回来的玩物。

甑皮岩人决不墨守成规，他们从大自然中挑选能够使用的工具，同时他们也能加工工具。事实也正是这样，甑皮岩人利用磨制法和穿孔法将石器打磨成便于使用的工具。磨制法是用平坦粗糙的块石作磨石，把打制的工具毛坯放在磨石上来回摩擦，使刃部变得光滑锋利，器型变得规整漂亮。当然，这时候他们还只懂得用兽骨等磨制尖锐锋利的骨锥、骨铲。穿孔法就是在工具上穿孔，使工具使用更方便、效率更高，比如在用蚌壳制作的小蚌刀上穿两个孔后，蚌刀就能系上绳索，套在手指上使用，非常便利；在扁圆的砾石中间穿一个孔，砾石上就能套木把或绳索，这个穿孔砾石就成为比没有木把或绳索的石锤更好用、更有效的复合工具——有把石锤或流星锤之类。

由于发明了陶器并开始利用穿孔石器和磨制骨器，第一期甑皮岩人的社会发展水平已经超出旧石器时代，进入新石器时代的门槛了。

第二期文化遗存

第二期文化遗存位于第一期文化遗存之上、第三期文化遗存之下，时间为距今 11000 ～ 10000 年前。发现陶器、石器、骨器、蚌器等遗物以及大量石器半成品、石片和河卵石。

第二期的陶器与第一期的相比有了很大的进步：陶器数量明显增多，成型方法有新出现的泥片贴筑法，但大部分未见贴片痕迹，少部分颈部可见泥片贴筑痕迹。器型也从敞口、浅斜弧腹、圜底变成更为美观的敞口、束颈、鼓腹。胎体较前已薄了很多，火候也有所提高，但由于烧制温度还不是很高，所以陶器胎体还是疏松不坚。同时，随着甑皮岩人大脑的进化和思维的发展以及生活水平的提高，甑皮岩人的审美观也有了提高，他们不仅在陶器表面普遍装饰绳纹，绳纹当中也有了粗细之分，而且还开始刻意在表面上刻画箭头形纹。

第二期出土的陶器纹饰拓片

遗址出土的碎片中，器表面饰单股中绳纹，为分段多次滚压而成，滚压随意，分段不明显，印痕较深并且清晰。

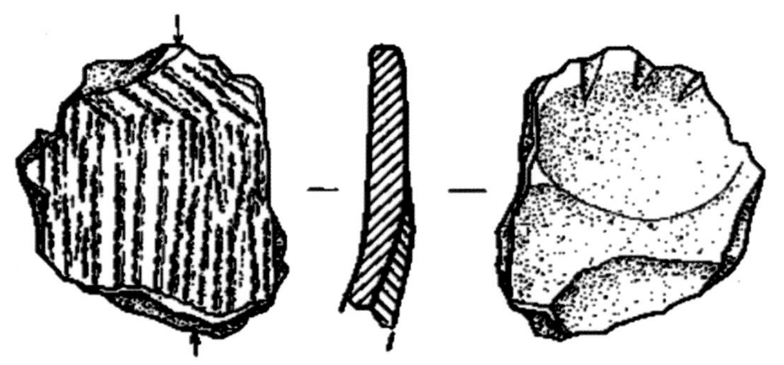

泥片贴筑法示意图

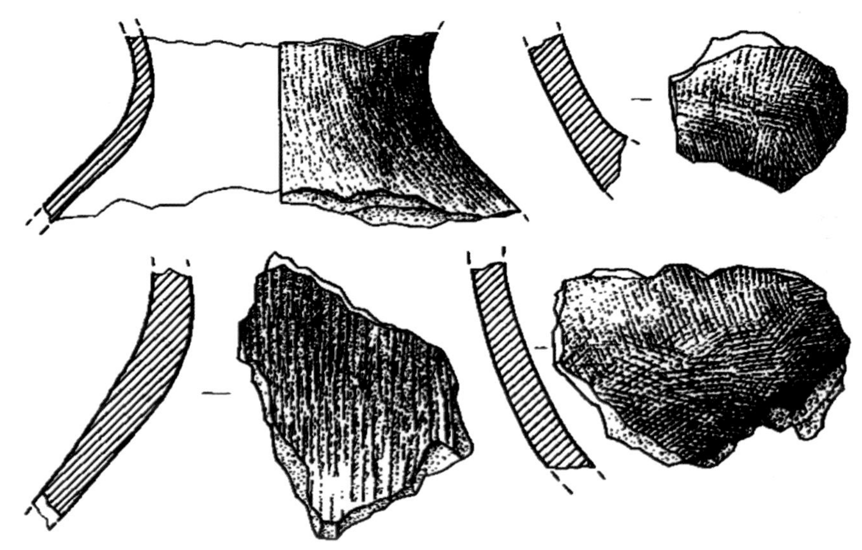

第二期出土的陶器敞口罐碎片线图及侧剖面图

从陶器上的绳纹可知是应用水草、葛麻等藤蔓类植物的纤维捻搓而成，但是是否用线织布还不能肯定，推测衣料主要可能还是野兽的皮毛和树皮之类。

第二期的石器、骨器、蚌器与第一期的相比，在器物组合上没有太大的改变，表明这个阶段的生产方式还是采集和渔猎，但是在工具制作技术上有所进步。

第二期出土的盘状石锤

第二期出土的有凹石锤

第二期出土的骨铲

第二期出土的蚌刀

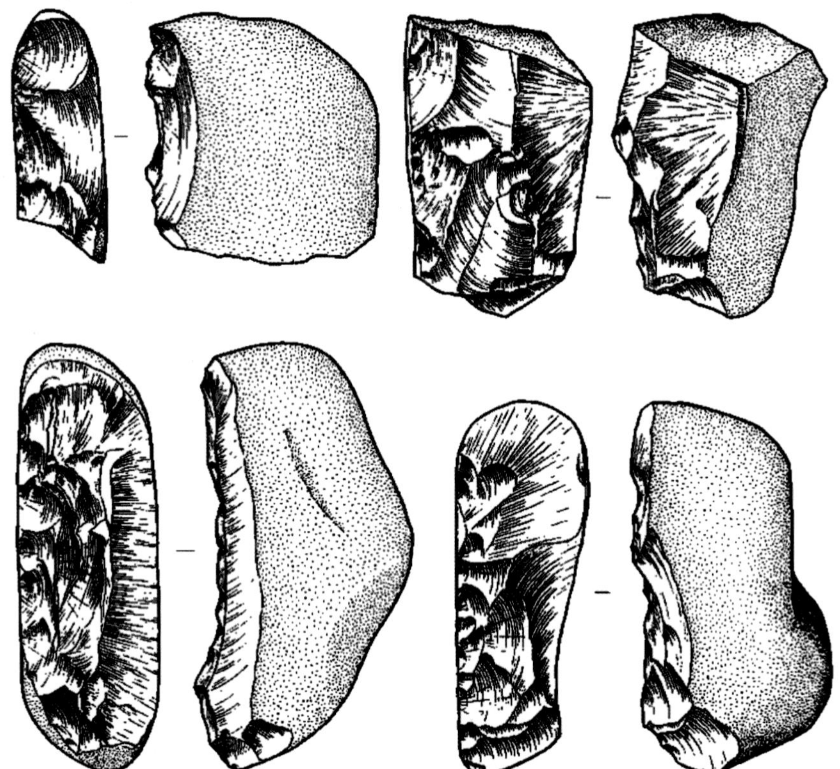

第二期出土的单边直刃砍砸石器

第三期文化遗存

第三期文化遗存位于第二期文化遗存之上、第四期文化遗存之下，时间在距今 10000 ～ 9000 年前之间。发现陶器、石器、骨器、蚌器等遗物，以及大量石器半成品、石片和河卵石。

第三期文化在第二期文化的水平上又有所发展，但是在主要方面没有太大的突破。生产工具、生活器皿的组合和制作技术与前期比较基本雷同，表明这个阶段的生产和生活方式没有什么大的改变，但是骨器中新出现了有倒钩的骨鱼镖，这表明捕鱼技术有所进步。

骨鱼镖

出土位置：DT4
出土时间：2001年
所属时代：甑皮岩第三期
尺寸大小：残长4.5厘米，宽0.9厘米

骨鱼镖

骨鱼镖在甑皮岩遗址首见于第三期，镖头尖，身两侧有倒钩，是一种叉鱼的工具，倒钩的作用是使鱼不能挣脱逃跑。甑皮岩遗址中发现了鲤鱼和鲩鱼的骨骼，以及爬行类的鳄鱼、龟、鳖的骨骼，这些水中的动物可能就是甑皮岩人用骨鱼镖叉捉的对象。

骨锥的器形大小不等，大多经过火烤，磨制，多较精细。从锋尖、横剖面的形状等可以分为较多的种类，锋尖有细长圆锋尖、粗大圆锋尖、扁薄锋尖、三角形锋尖、凹形锋尖等，横剖面有椭圆形、圆形、三角形、三角凹槽形、凹形、弯月形、不规则形等。

骨锥

出土位置：DT4

出土时间：2001年

所属时代：甑皮岩第三期

尺寸大小：残长9.6厘米，宽0.9厘米

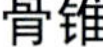

骨锥

出土位置：DT4

出土时间：2001年

所属时代：甑皮岩第三期

尺寸大小：长9.4厘米，径1.8厘米

穿孔蚌器

出土位置：DT6

出土时间：2001年

所属时代：甑皮岩第三期

尺寸大小：残长8.1厘米，宽5.6厘米，孔径0.8厘米

这一时期的甑皮岩人则比他们的祖辈在生活质量上有了较大的提高。由于当时全球气候都比较温暖，地处亚热带的桂林地区有着丰富的水资源和茂密的植被，陆生、水生动植物有着大规模的种群，加上采集、渔猎工具和技术的进步，陶器的广泛使用，食物的种类和获取量上可以保证人们的生活所需。

第三期的陶器以夹方解石的红褐陶为主，夹石英陶较少，方解石颗粒较多而粗，且大小不匀称，形状不规则。火候低，胎质疏松。多数为泥片贴筑法制成，可见较明显的贴筑痕迹。该期大部分陶器因掺和方解石或石英的比例较小，陶片起层，呈千层饼状，与泥片贴筑法形成的分层迥然不同。纹饰以粗绳纹为主，中绳纹次之，细绳纹较少。另有部分刻划纹，按压纹。刻划纹多在绳纹上施划，纹样简单，刻划随意，划痕较深。陶器表面上的席纹、篮纹等印痕则表明这个时期的甑皮岩人已经掌握了编织技术，而且实际生活中可能已经使用了竹席、竹篮等器物。

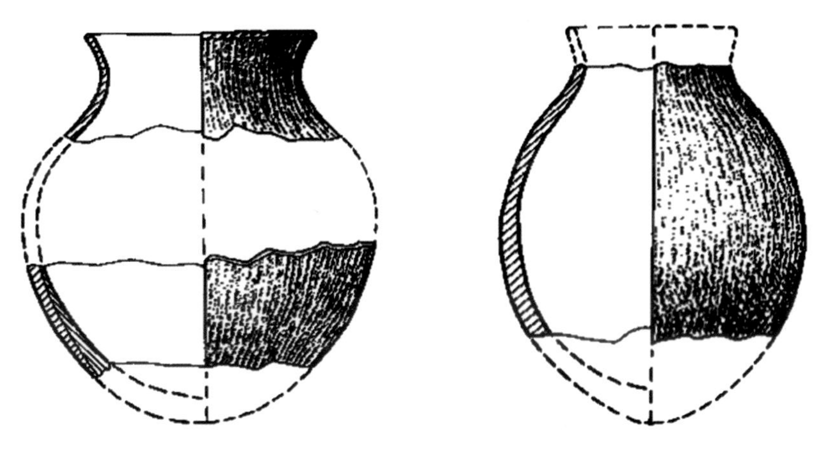

第三期出土的陶器敞口罐线图及剖面图

第三期出土的陶器纹饰拓片

第三期陶器的器底多数较尖厚。掺合料主要是方解石或石英，颗粒多而粗，大小不匀称，形状不规则。均不见贴片痕迹，捏制而成，火候较低，质疏松。器表均饰绳纹，但多较凌乱或模糊不清。

第三期出土的陶器底部

在这期地层中还发现了7件磨制精美的骨针，其针尖锋利、针孔适当，标准定型非常合理，由此推断甑皮岩人可能已经把编织技术用于缝制衣服。

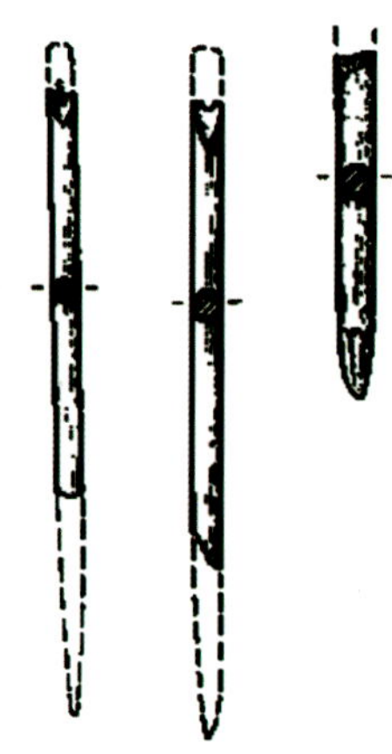

第三期出土的骨针

骨针、骨锥在甑皮岩遗址第一期就已出现，在以后各期均有发现。骨锥用于钻孔，钻有针眼的骨针可直接穿针引线，表明甑皮岩人在1万多年前就已经能够穿针引线、缝制衣物了。从陶器上的绳索印纹可以知道线应该是用水草、葛麻等藤蔓类植物的纤维捻搓而成，但是否能够用线织布还不能肯定，推测当时他们穿的衣服主要是用野兽的毛皮和树皮布之类制作的。骨笄则是固定发髻的工具。骨针、骨笄的存在表明甑皮岩人已不是赤身裸体、披头散发的野人，而是懂得装饰之美的远古文明人。

第四期文化遗存

第四期文化遗存位于第三期文化遗存之上、第五期文化遗存之下，时间为距今9000～8000年。发现墓葬、灶坑及陶器、石器、骨器、蚌器等遗物。由此可见这时的甑皮岩除了石器加工场和居住地之外又有了一个新的用途——墓地。

第四期文化遗存与第二、第三期文化遗存相比基本上没有多少变化。

第四期的最大变化是出现了墓葬，葬式为屈肢蹲葬。墓坑形状均为不规则的圆形竖穴土坑，墓坑明显，坑口清晰，墓坑大小依人体的大小而变化，很少发现有随葬品，但是，经常在墓坑填土中和人骨架的上部发现有数量不等、大小不一、没有任何加工痕迹的自然石块；在BT2M9（B区2号探方9号墓）婴儿墓的头部还发现用两件相叠的蚌壳将其头部覆盖的现象；有的个体头部还有人工穿孔的现象；此外，还有一个墓穴为母婴合葬穴。

两件相叠的蚌壳

墓穴壁沿

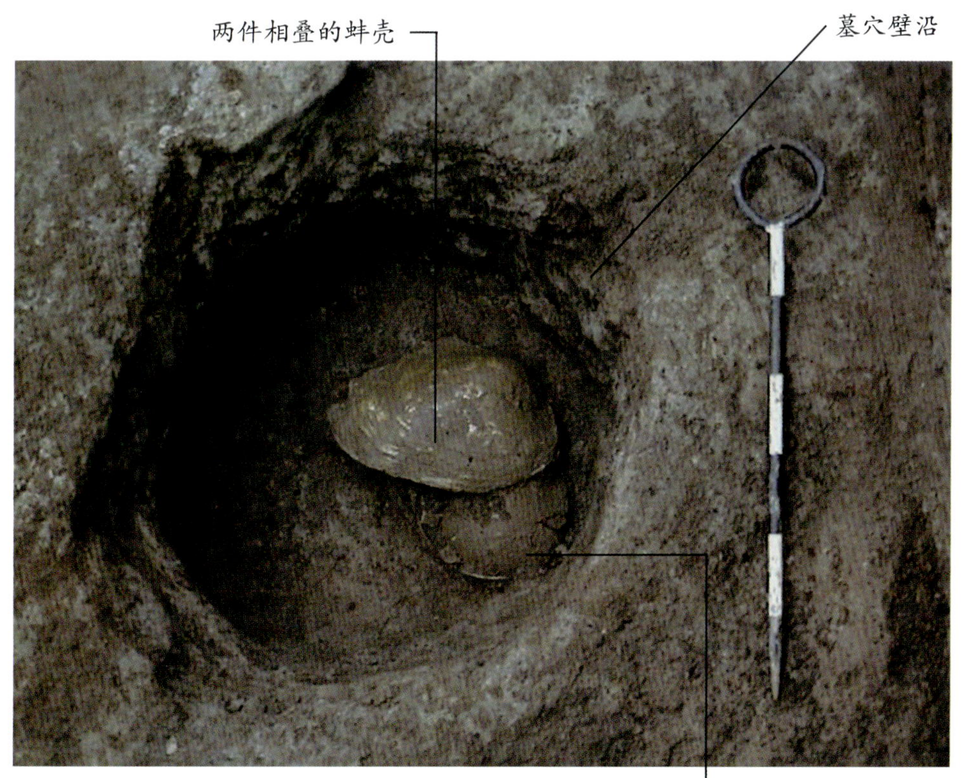

甑皮岩遗址BT2M9发掘现场

蚌壳下的人骨头部，年龄为1岁左右，性别不详

第四期的陶器比第三期有了明显的增加，除敞口罐外，还出现了高领罐，敛口釜等。胎壁变薄，大部分陶器的火候仍然较低，胎质疏松，易碎。但少部分陶器的火候有明显的提高。器表均施绳纹，部分器物口沿也有施绳纹。器底较薄，平缓，不似第二、第三期尖厚。均捏制而成，不见泥片贴筑的痕迹。

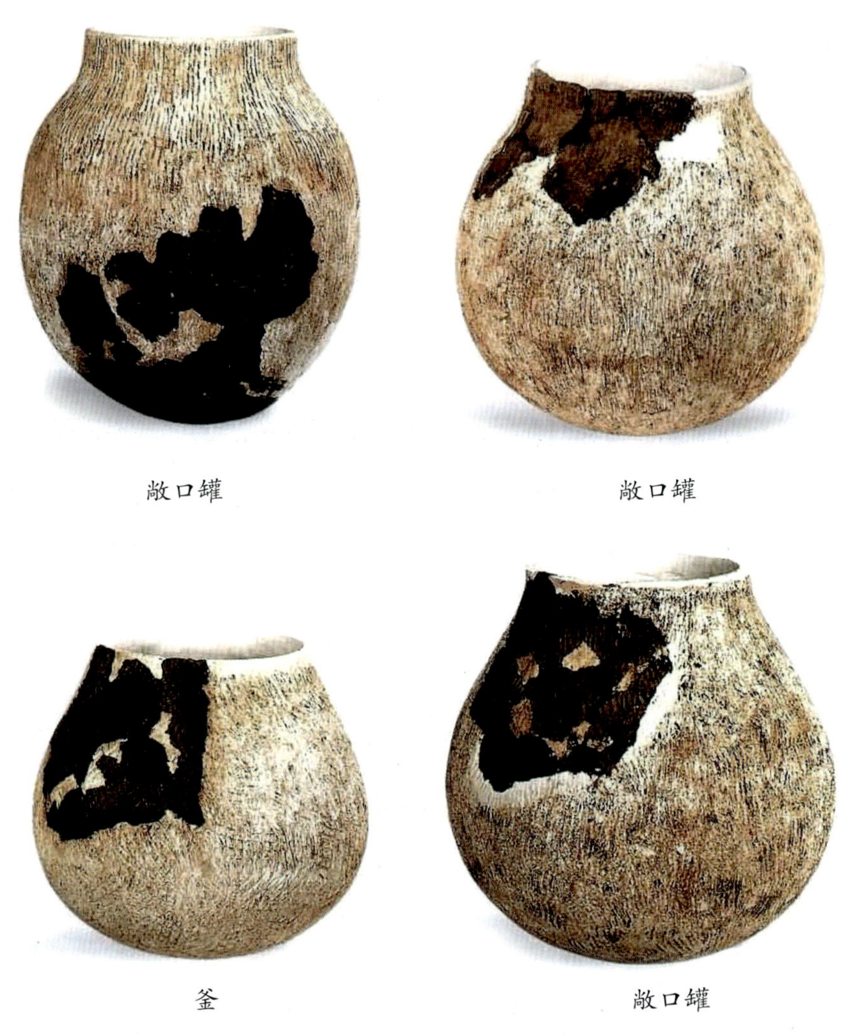

敞口罐　敞口罐

釜　敞口罐

第四期出土的陶器敞口罐、釜

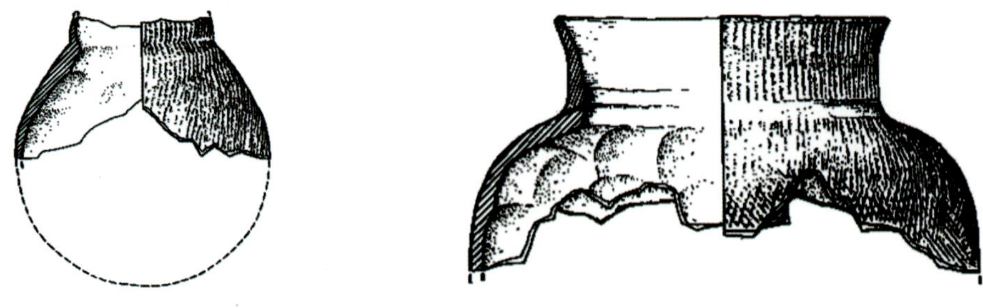

第四期出土的陶器敛口罐（左）和高领罐（右）线图及剖面图

第五期文化遗存

第五期文化遗存位于第四期文化遗存之上，层状钙华板之下，部分胶结在钙华板中，时间在距今 8000 ～ 7000 年前之间。遗迹现象只发现墓葬，文化遗物发现有石器、骨器、角制品、陶器等。

从文化发展水平上看，第五期与第四期比较有了很大的飞跃。在第五期文化层出土的遗物中，陶器的烧造工艺已非常成熟，陶土经过仔细处理，新出现了泥质陶，慢轮修胎技术开始采用，烧成温度已经相当高，以至于器壁薄而坚。器类、器型明显增加，烹煮器中除圜底罐、圜底釜外，盛食器出现且器形多样，有圈足盘、盆、钵等，造型优美的折腰器也有相当数量。装饰纹呈现多样性，各种复杂的刻划纹大量出现，另有戳印纹、捺压纹、乳钉纹、素面等，

刻划纹夹砂陶盆

出土位置：BT2

出土时间：2001年

所属时代：甑皮岩第五期

尺寸大小：口径23.8厘米，高11厘米

个别器物在沿、腰、足等部分呈现多层次装饰。这些陶器制作精良，器型规整统一，显然已不是随意而为，应是由专门从事陶器和工具制作的能工巧匠所制作出来的。这个时期的甑皮岩人可能已经存在了社会分工，陶器生产已经从食物生产中分离出来。

刻划纹泥质陶罐

出土位置：BT3
出土时间：2001年
所属时代：甑皮岩第五期
尺寸大小：口径15.6厘米，高11.6厘米

戳印纹夹砂陶罐

出土位置：AT1
出土时间：1973年
所属时代：甑皮岩第五期
尺寸大小：残高14厘米，颈径18厘米

陶豆是敞口，斜弧壁，下附喇叭形矮圈足。泥质灰黄陶，陶土未经淘洗，质不纯。火候较高，陶制坚硬。圈足与盘分制而后黏结成器，经慢轮修整。素面，器内、外壁均施一层细泥陶衣并经磨光，大部分陶衣已脱落。

陶豆

出土位置：矮支T1
出土时间：1975年5月
所属时代：甑皮岩第五期
尺寸大小：口径24.8厘米，底径10.3厘米，高7.9厘米

从第一期出现陶釜，到第五期出现陶豆，在5000年间甑皮岩陶器经历了圜底陶釜、圜底陶罐、平底陶盆、圈足陶豆的器型变化，粗夹砂、细夹砂、泥质的胎质变化，粗绳纹、细绳纹、刻划纹、戳印纹的纹饰变化，抟土捏筑、泥片贴筑、慢轮修整的成型技术变化。这些变化不仅反映出甑皮岩人制陶技术的进步，也反映出烹饪技术的进步。第五期陶盘和蚌匙的出土，证明距今8000年前后的甑皮岩人不仅能够使用陶釜、陶罐进行烹煮，享用火锅美食，而且还能够煎炒盛盘，享用各色菜式。

蚌匙的出现，表明了甑皮岩人已经在饮食质量和种类上大大改善，能够烹调出更多的美味佳肴，这在全国也是首次发现。

蚌匙
出土位置：水支T3
出土时间：1975年
所属时代：甑皮岩第五期
尺寸大小：长8.8厘米，宽3.7厘米

蚌匙平视图

从第二期开始，甑皮岩人不仅在陶器上滚压粗细不一的绳纹，而且还重复刻划箭头纹和附加堆纹。到第五期时，纹饰变得更加复杂多样，技法有滚压、刻划、捺压、戳印、堆塑等，图案有绳纹、篮纹、席纹、弦纹、各种几何纹、多线水波纹及其组合纹。这些陶器纹饰反映了甑皮岩人对生活的心声，也体现了甑皮岩人对美的理解和追求。

刻划纹夹砂陶罐残片
出土位置：AT1底洞
出土时间：1973年
所属时代：甑皮岩第五期
尺寸大小：残高6厘米

刻划戳印纹细夹砂陶釜残片

出土位置：矮洞口
出土时间：1973年
所属时代：甑皮岩第五期
尺寸大小：残高9厘米

刻划戳印纹细夹砂陶罐残片

出土位置：BT3
出土时间：1975年
所属时代：甑皮岩第五期
尺寸大小：残高8.9厘米

刻划纹夹砂陶釜残片

出土位置：BT3北隔梁
出土时间：1975年
所属时代：甑皮岩第五期
尺寸大小：残高7厘米

刻划纹夹砂陶支足

出土位置：水支T3
出土时间：1975年
所属时代：甑皮岩第五期
尺寸大小：残高11.5厘米，最大径6.7厘米

第五期生产工具的制作水平与第四期比较也有了很大的提高，磨制技术开始应用到石器制作上，新的生产工具磨制石斧、石锛、石矛、石凿相继出现。新的生产工具的出现预示着新的生产方式的出现。很多学者认为，石斧、石锛是原始刀耕火种农业的主要工具，并据此认为有了石斧、石锛就有了原始农业。如果不是把原始农业限定为种植五谷，而是包括种植瓜、果、薯、芋等瓜果类和块茎类植物的话，那么，甑皮岩人也有了自己的原始农业。

磨制石斧
出土时间：1973年
所属时代：甑皮岩第五期

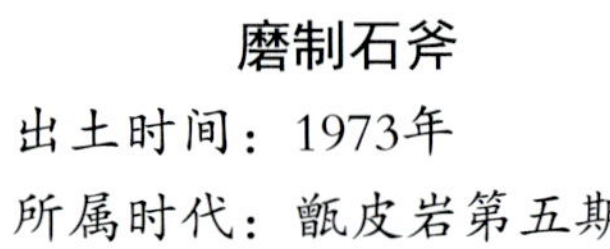

磨制石斧
出土时间：1973年
所属时代：甑皮岩第五期

磨制石器属于新石器，在新石器时代早期出现，到新石器时代中晚期广泛使用。甑皮岩遗址第五期才出现磨制石器，器类有石斧、石锛、石刀、石凿、石矛等。石斧安柄后可作砍劈工具，是砍伐树木、劈杀野兽、格杀敌人的利器。

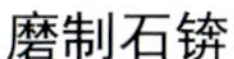

磨制石锛

出土位置：BT3

出土时间：2001年

所属时代：甑皮岩第五期

尺寸大小：长7.6厘米，宽5.5厘米，重340克

磨制石锛

出土位置：BT1

出土时间：1973年

所属时代：甑皮岩第五期

尺寸大小：长10.1厘米，宽6.5厘米，厚3.1厘米，重280克

磨制石刀

出土位置：DT6

出土时间：1974年

所属时代：甑皮岩第五期

尺寸大小：长13.7厘米，宽4.3厘米，厚1.9厘米，重160克

（磨制石刀器身扁宽，刃部开于长边，是一种砍切工具，用于砍切和修理）

磨制石锛

出土位置：BT2
出土时间：1973年
所属时代：甑皮岩第五期
尺寸大小：长8.9厘米，宽5.5厘米，厚2.2厘米，重160克

磨制石凿

出土位置：DT5
出土时间：1973年
所属时代：甑皮岩第五期
尺寸大小：长6.6厘米，宽2.9厘米，厚0.8厘米，重24克
（磨制石凿器身窄长，是一种木作工具主要用于凿孔）

此外，长矛、投矛（或称标枪）和弓箭大大延长了人的手臂功能，使得甑皮岩人的狩猎效率大为提高。

第五期的墓葬形制与第四期完全一样，表明这两期文化有着紧密的关系，只是在发展水平上，第五期高于第四期，达到了新石器文化的繁荣阶段。

在第五期地层中没有发现灶坑、火塘、灰烬等生活遗迹，而且地层与洞顶的距离已经变得很近，已经不方便人类居住，但是根据形成的地层遗迹推测，第五期时还应该有人活动，同时还作为墓地使用。

磨制石矛

出土位置：DT5

出土时间：1973年

所属时代：甑皮岩第五期

尺寸大小：长9.8厘米，宽1.6厘米，厚0.5厘米，重16克

（石矛器身窄长，是一种用于刺杀野兽和敌人的武器）

角铲

出土位置：BT3

出土时间：1975年

所属时代：甑皮岩第五期

尺寸大小：长8.5厘米，宽4.3厘米

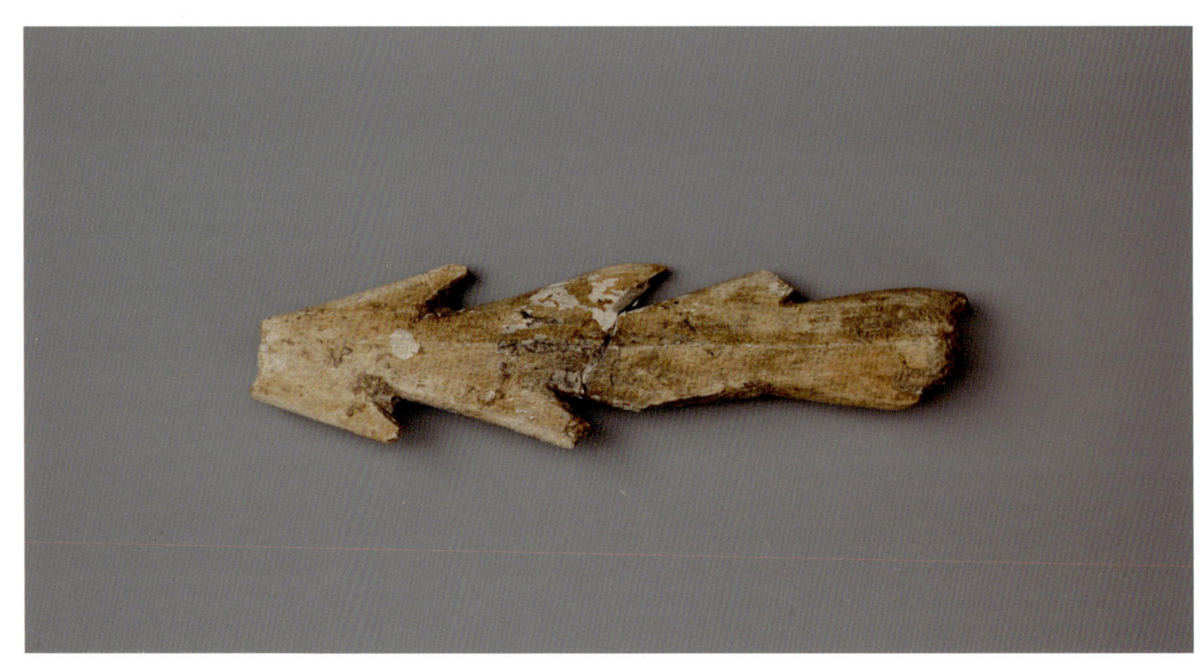

骨鱼镖（尖残）

出土位置：DT3

出土时间：1973年

所属时代：甑皮岩第五期

尺寸大小：残长7.6厘米，厚0.8厘米

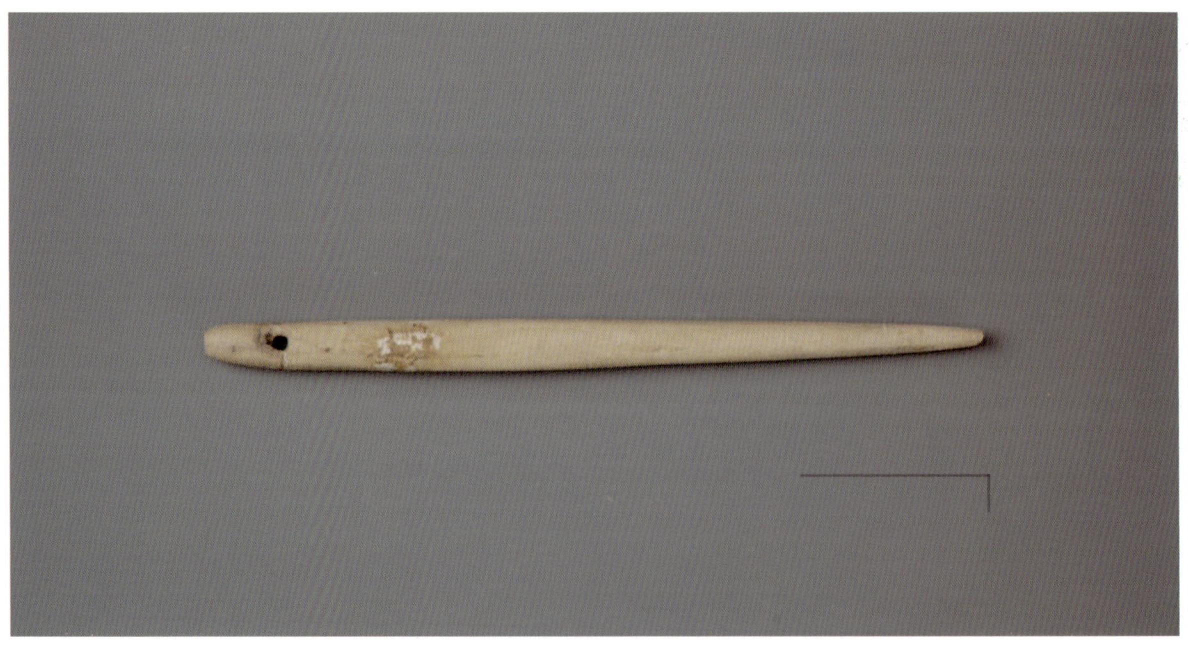

骨针

出土位置：DT2

出土时间：1973年

所属时代：甑皮岩第五期

尺寸大小：残长8.1厘米，径0.5厘米，孔径0.35厘米

骨笄

出土位置：DT7

出土时间：1973年

所属时代：甑皮岩第五期

尺寸大小：长8.2厘米，径0.6厘米

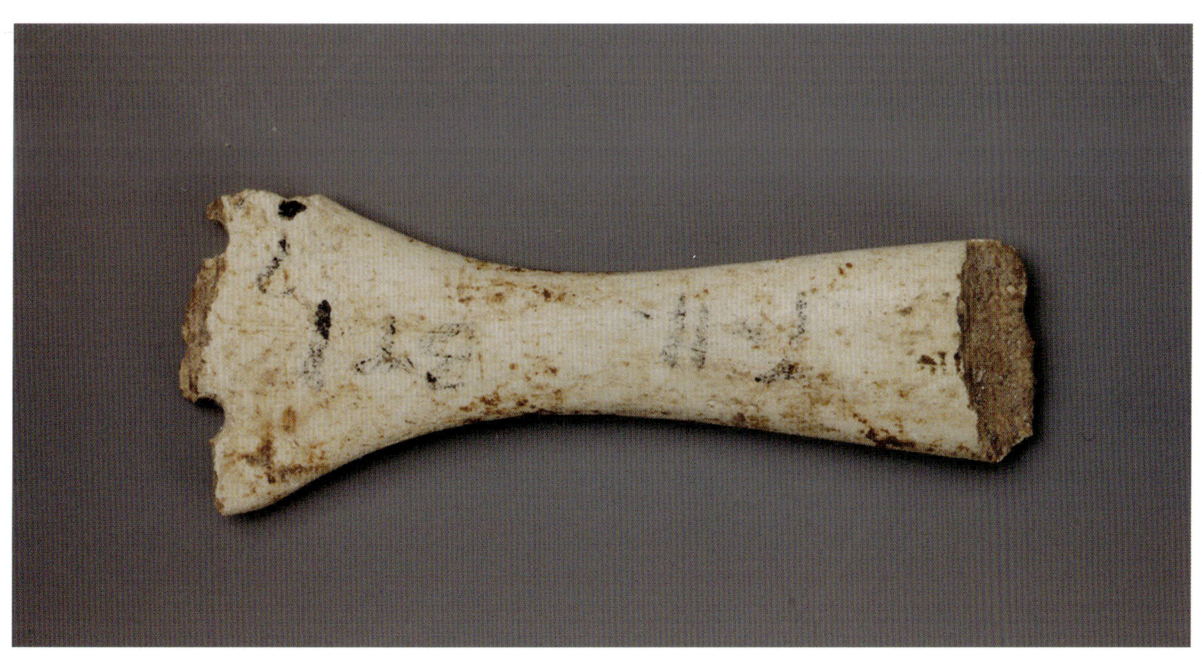

骨饰

出土位置：BT1

出土时间：1975年

所属时代：甑皮岩第五期

尺寸大小：残长4.4厘米，宽1.8厘米

穿孔石器

出土位置：BT1
出土时间：1973年
所属时代：甑皮岩第五期
尺寸大小：长6.7厘米，宽5.9厘米，厚2.3厘米，孔径0.8厘米

穿孔石器

出土位置：BT3
出土时间：1973年
所属时代：甑皮岩第五期
尺寸大小：长9.6厘米，宽7.7厘米，厚4厘米，孔径1.6厘米

穿孔石器

穿孔石器是指那些直接利用扁形砾石，从两面进行琢、凿、钻而形成穿孔的有孔无刃石器，其唯一被加工过的部位是孔，器身不作修饰。关于穿孔石器的用途，学术界有“重石”（套在掘土棒上的加重器）、绳索工具（用于缠绕动物）、锤头、磨轮、石环、石女阴（母系氏族崇拜物）等观点。

未分期文化遗存

在2001年甑皮岩遗址再次发掘之前，甑皮岩遗址博物馆保存着大量1973年以来甑皮岩遗址发现的自然和文化遗物，这些遗物大部分已无出土地点和出土层位，有出土层位的也全部标为第三层。因为20世纪70年代发掘时将全部原生堆积均归为第三层，这些编号已无任何地层学上的意义。库存陶器凡特征明显、可以进行分期的，已做了相应分期；既无原生层位，又时代特征不明显的，难以进行分期。

2001年之前，甑皮岩遗址发现的墓葬因为未清理出墓坑，没有原生地层关系，也无详细的墓葬记录，其所属时代也难以确定。

1998年建成的甑皮岩文物库房

这些无法确切分期的遗迹和遗物如下：遗迹包括1965年试掘时发现的5座墓葬和1976年发现的18座墓葬；遗物包括石制品2010件、骨制品64件、角制品4件以及蚌制品31件。

石器加工工具除石锤外，还包括打制石器和磨制石器，而以打制石器为主。打制石器大部分为单面单向打击而成，只有个别的采用双面打击加工。以核石器为主，直接用砾石打制加工而成，少部分为石片石器。器类主要包括石锤、砍砸器、切割器、棒形石凿和穿孔石器。磨制石器包括石斧、石锛、石凿、石矛和石刀。骨制品包括骨锥、骨铲、骨针、骨鳔、骨簇、骨凿以及不明用途的骨片。骨料多为较粗大的动物肢骨，骨料均经过初步加工，但多数没有二次加工痕迹，没有明显的刃缘，也没有使用痕迹。角制品有角锥和角铲。蚌刀主要以穿孔器居多。

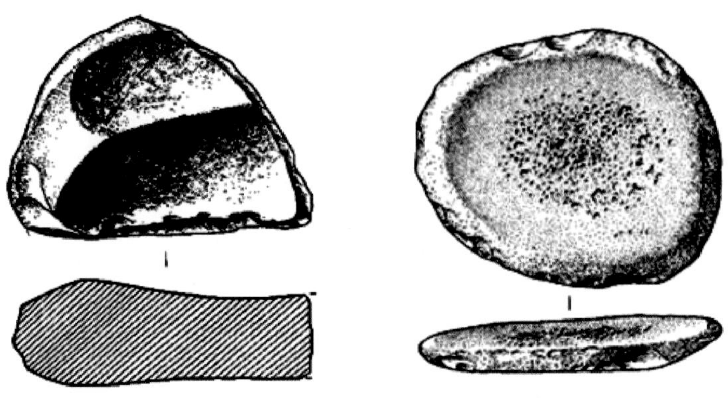

甑皮岩遗址出土的砺石（左）和石砧（右）线图及剖面图

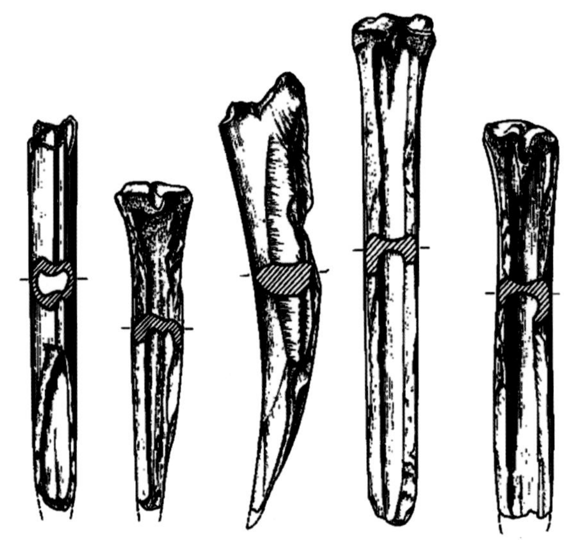

甑皮岩遗址出土的骨锥线图

文明的延续 宋代文化遗存

据考古发掘的出土文物推测，在宋代也有人在此生活，他们应该是甑皮岩最后一批居住者。

宋代文化遗存包括遗迹和遗物。宋代遗迹包括居住面和墓葬；文化遗物包括青瓷碗、碟、杯、壶、坛、硬陶罐和擂钵等。

从出土遗迹现象分析，甑皮岩遗址第五期以后一直无人类长久居住，在第五堆积层上逐渐形成了一层厚薄不一的钙华板。到了宋代，新的居住者将临近洞口部分的钙华板打掉，并重新修整地面作为居住点。该期堆积在 1973 年修防空洞时，遭到较为严重的破坏，目前仅在洞内右侧保留有部分堆积。

擂钵

一种可以用作捣碎蒜、姜、椒等物的生活容器，在广西桂林一带用其捣磨芝麻、豆子、茶叶，还可制作清香爽甜的油茶等。

遗迹

发现居住面 1 处，墓葬一座（编号 AT1M1）。其中墓葬为长方形竖穴土坑墓，仰身直肢葬，未见葬具，随葬品为青瓷壶 1 件。

遗物

出土可辨认的陶器标本 59 件，均为生活实用器，包括碗、罐、壶、杯、瓮、缸、坛、钵等，而以碗、罐为主，且绝大部分为残件，完整器极少。

此外，出土陶瓷碎片 104 片，以青瓷残片和灰硬陶为主，其中有 2 片为方格纹灰硬陶。

甑皮岩宋代文化遗存AT1M1发掘现场

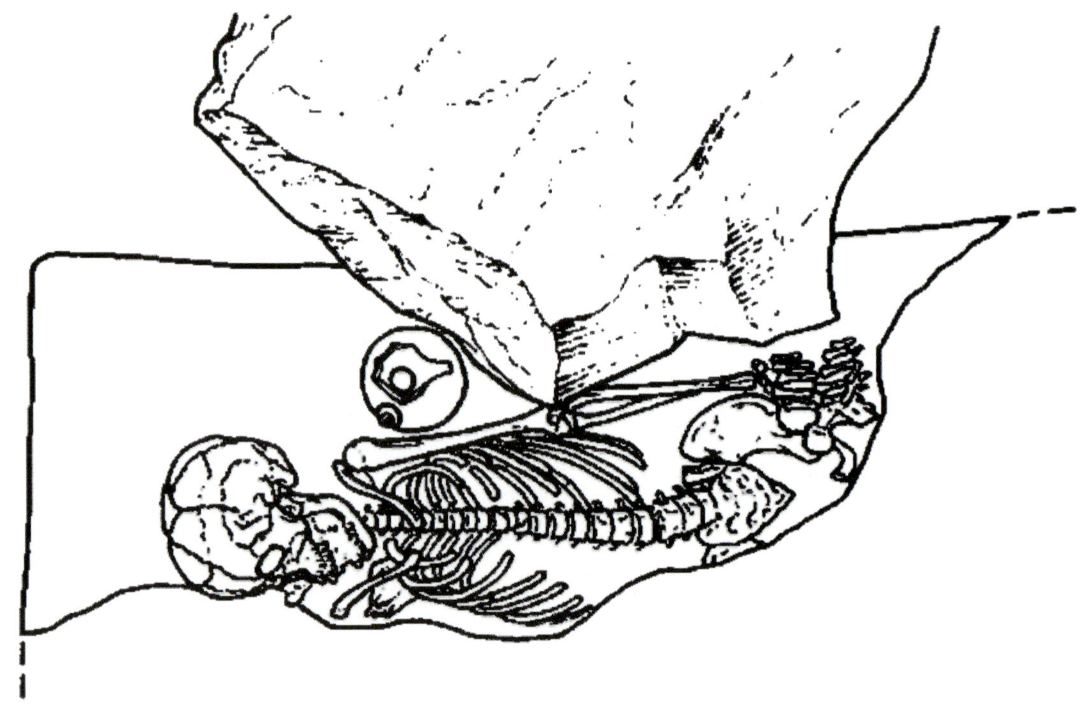

AT1M1平面线图

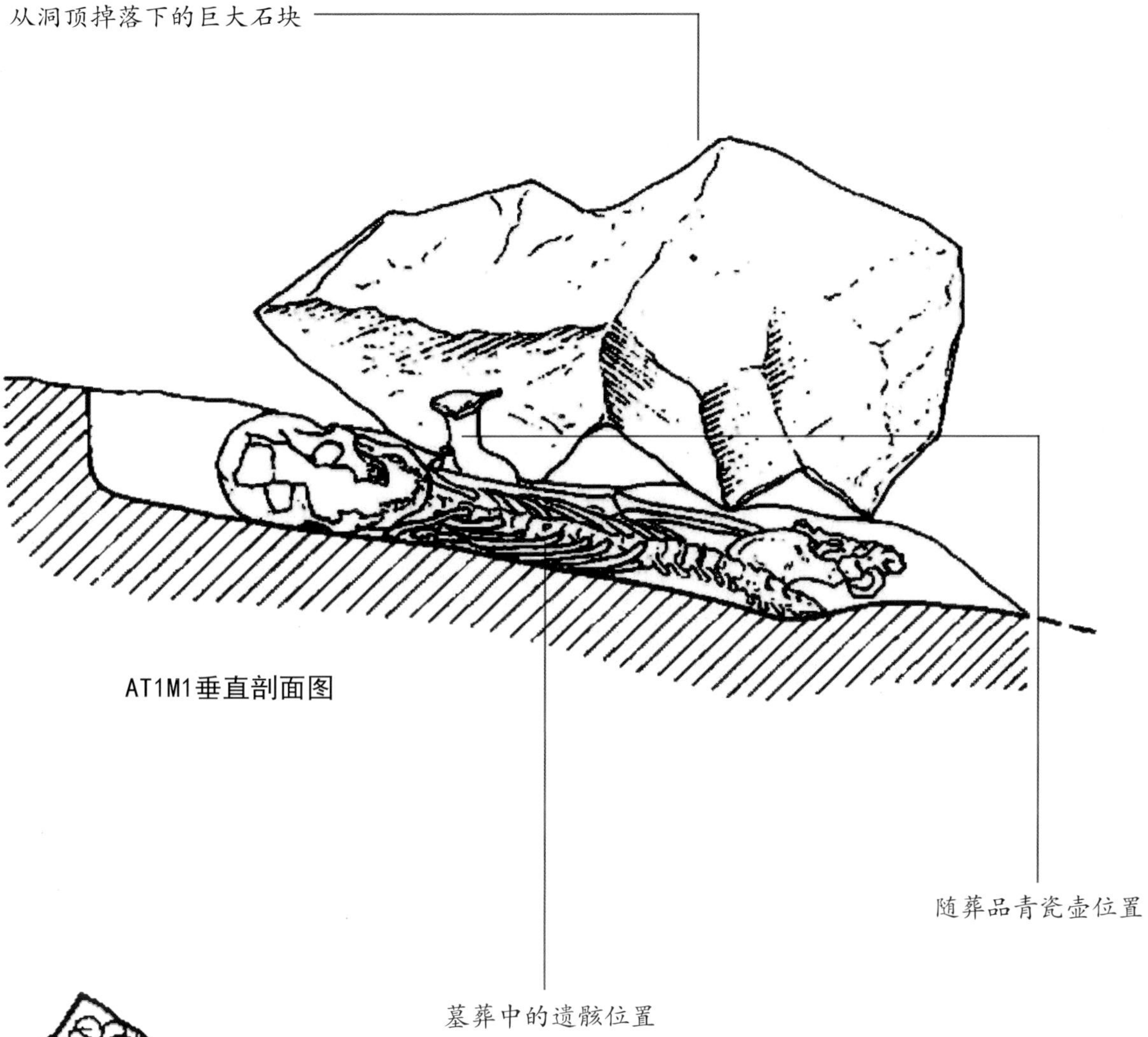

从洞顶掉落下的巨大石块

AT1M1垂直剖面图

随葬品青瓷壶位置

墓葬中的遗骸位置

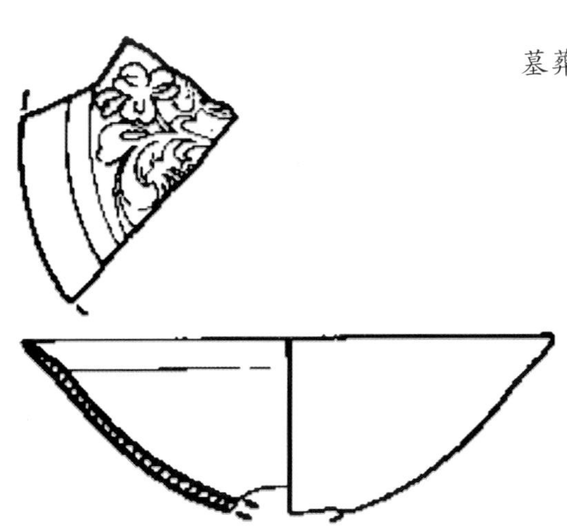

宋代青瓷印花碗线图及剖面图

宋代青瓷印花碗，圆唇，敞口，弧腹，碗底残缺，器为青灰胎，胎质致密而厚薄均匀，内、外施青绿釉，外腹无纹饰，内腹压印缠枝卷叶花卉纹。

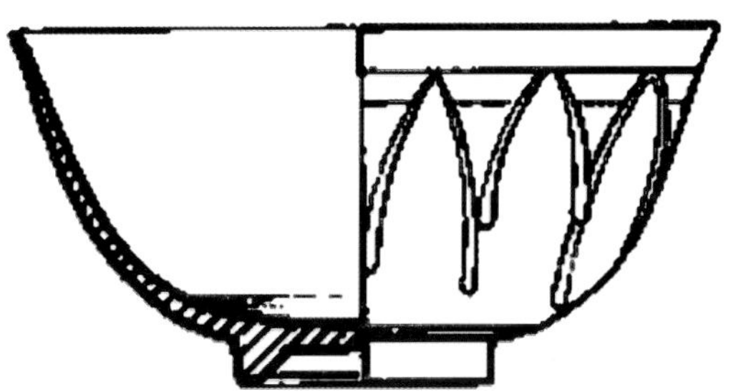

宋代青瓷莲瓣刻花碗图及剖面图

宋代青瓷莲瓣刻花碗，薄唇，侈口，弧腹，矮圈足底，器为青灰胎，胎质坚硬细腻，内、外施青绿釉，釉层带有细碎开片，外腹饰随手刻划的单重莲瓣纹。

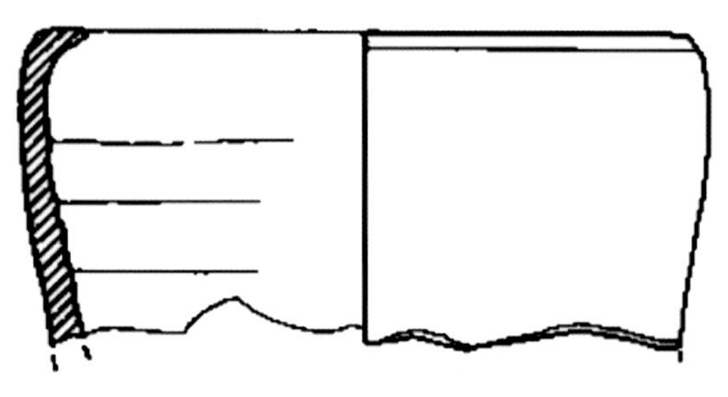

宋代文化遗存出土的青瓷杯线图及剖面图
（局部）

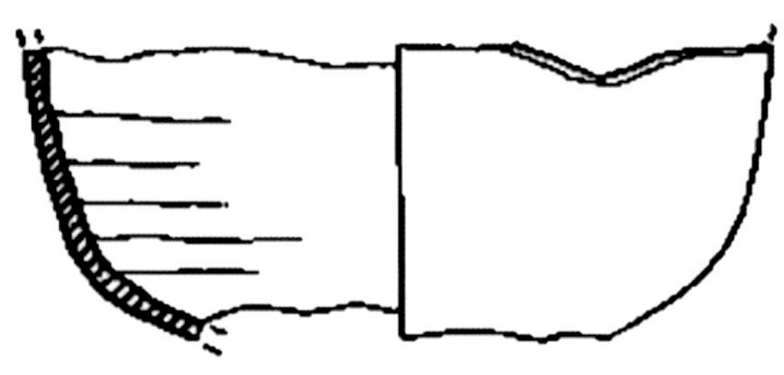

宋代文化遗存出土的青瓷小钵线图及剖面图
（局部）

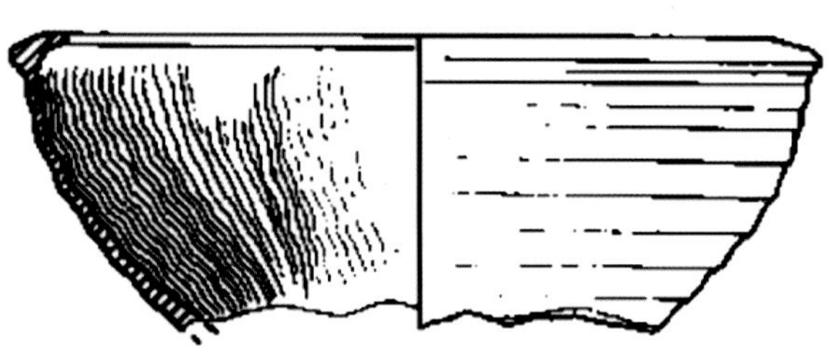

宋代文化遗存出土的陶擂钵线图及剖面图
（局部）

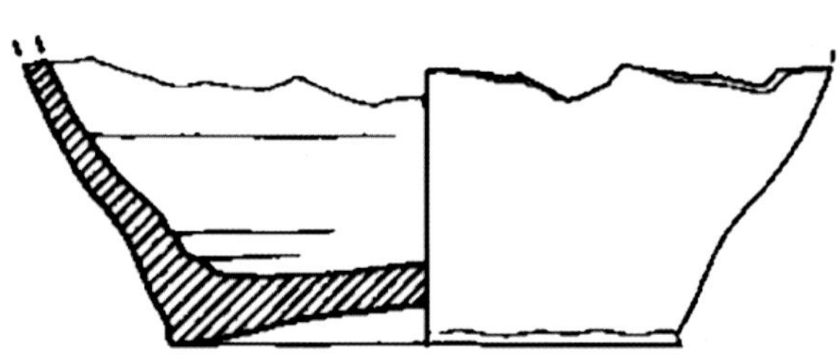

宋代文化遗存出土的陶罐线图及剖面图
（局部）

宋代文化遗存出土的瓷器纹饰
（宋代瓷器纹饰有单重莲瓣纹、缠枝卷叶花卉纹、缠枝菊花纹、缠枝花卉纹、卷叶花卉纹等）

第二章

山水家园

在2.3亿年前，桂林地区是一片汪洋大海，后来随着地壳的多次抬升，在距今约1.8亿年前，桂林终于脱离海洋成为陆地。甑皮岩人生活的地方处于漓江、湘江、洛清江、浔江、资江5条江流水系交织之中，在这样的生态环境下，甑皮岩人有着自己的生活与生产方式，让我们穿越时空，与他们近距离接触。

甑皮岩遗址的生态环境

今天的桂林地处南岭山系的西南部，为中低山地形，有喀斯特山地、丘陵和台地。桂林为典型的岩溶地貌，两侧高，中部低，处在自西北向东南延伸的喀斯特（岩溶）盆地中，堪称四面环山；桂林又地处水系交织之中，境内有漓江、湘江、洛清江、浔江、资江 5 条江流，另有集雨面积在 100 平方千米以上的支流 65 条，水资源非常丰富。

甑皮岩就地处桂林这样的环境之中。那么，在距今 12000 ～ 7000 年间，甑皮岩的生态环境又是怎样的呢？这样的生态环境对甑皮岩先民的生活生产产生了怎样的影响呢？

现代地质学研究证明，在 2.3 亿年前，桂林地区是一片汪洋大海，海洋里生物兴盛。在 2.3 亿年前后，地球出现了较大的造山运动，它把印度半岛和中国南部的大部分地区变成了大陆，桂林地区也在这次变化中露出海面。不久海水从东南方向涌来，从桂林至湖南长沙的“古湘桂海盆地”再一次沉入海底。后来地壳又发生多次抬升，直到距今约 1.8 亿年前桂林地区最终脱离海洋成为陆地。如今广泛分布于桂林地区的巨厚石灰岩层，以及被包裹在石灰岩石中的腕足类、牙形类、菊石、四射珊瑚等古生物化石，就是桂林地区海陆变迁的证据。

甑皮岩洞穴的环境变迁

根据甑皮岩洞穴的发育以及对沉积物年代的测定，在更新世晚期（大约距今 15000 年前），甑皮岩洞穴附近发育有地表河流，此后，因溶蚀的作用，使洞穴抬升；到了 12000 年前左右，气候变得炎热，洞穴内部滴水减少，洞内变得干燥，这里就成为大自然赐予甑皮岩先民们的天然居室。之后，由于甑皮岩人频繁地进行生产活动，这便逐渐形成了今天的甑皮岩文化堆积。

甑皮岩洞口立面复原图

在桂林岩溶地区，这样的天然洞穴比比皆是，由于可供选择的洞穴多，史前人类选择时也相当挑剔，一般只选择洞口向东、向南或者向西，洞口有一定的宽度和高度，洞里光线较好、较干燥，洞前有开阔地，附近有水域，并且有充足的食物资源的洞穴居住。当然，在炎热的夏季他们会选择向风背阳、比较凉爽的洞穴作为季节性营地。在很偶然的情况下他们会选择比较狭小和比较黑暗潮湿的洞穴落脚歇息。

洞穴是当时人类生活居住的主要场所，白天人们外出采集野果野菜，猎取野兽，捕捞鱼鳖蚌螺，晚上则回归洞穴。人类吃住在洞中，因而遗址中常出现人类的生活遗物，如石器、骨器、蚌器、陶器等生产工具和生活用具，以及动物残骨、螺壳、蚌壳等生活垃圾。

由于长期居住在洞穴，原始人对洞穴产生了强烈的依赖心理。他们不仅舍不得离开洞穴，甚至舍不得让死去的亲人离开洞穴，于是洞穴不仅成为生者的居所，同时也成为死者的墓地。

但是，天下没有永远免费的午餐。随着时间的推移，洞内的堆积物越来越厚，居住面离洞顶的距离则越来越近，原来宽敞的洞穴逐渐变得狭窄低矮，生活变得越来越不方便。到了距今六七千年前，全球气候进入一个温暖期，这时气候炎热，雨水充足，海平面上升，平原地区的河流、湖沼内涝成灾，一些高程较低的洞穴出现潮湿或被淹没的情况，人们不得不走出洞穴，在山岗坡地建造人工房屋。

甑皮岩先民的生存环境

居住环境

虽然“甑皮岩人”在到来之初还不懂得建造房屋，但他们选择住所的心理与现代人是相一致的，即要求靠山而居，临水而栖，宽敞向阳，安全舒适。甑皮岩周边的环境正符合人们的选址要求，遗址一边是波光遴粼的水塘沼泽，一边是树木葱茏、满目翠绿的独山。而甑皮岩先民曾经居住过的洞穴由主洞、矮洞和水洞组成，位于山的西南脚，背靠独山，面临水塘，东侧进接水洞，西侧贯穿矮洞。洞穴虽然不大，但完全能够满足原始人遮风蔽雨和抵御野兽的要求。更重要的是，不仅在甑皮岩洞外有大片水塘湖沼，溪水淙淙，而且在洞穴内东南侧还有一个下层的地下河道的出露口，清凉洁净且常年不涸的地下河水为甑皮岩先民的饮水提供了保障。因此，这个洞穴对于当时还不具备建造房屋能力的“甑皮岩人”而言，无疑是人间福地，他们把这里当作天然的住宅，在这里居住达 5000 年之久就不足为奇了。虽然今天这个古人类的生存福地已是人去穴空，但是从石缝里渗下的水珠却在寂静的岩洞里滴鸣不息，连绵不断，仿佛诉说着万年前的往事。

丰富的动植物资源

除了饮用水得到保障以外，人类还需要有食物的供给才能存活。根据发现的植物孢粉组合和动物化石组合，我们得知当时甑皮岩附近分布有茂密的植被和大片的湖沼，生活着种类繁多的水陆生动物。这里简直就是“甑皮岩人”得天独厚的食品库。

甑皮岩遗址所处的独山附近水资源丰富，水塘、湖泊、沼泽、溪流纵横交错，星罗棋布，从遗址中发现大量的瓣腮类以及腹足类软体动物介壳也充分证实了这一点。

瓣鳃类是指无头，有着完全相同且左右对称的两壳，又叫无头类和双壳类，约有 2 万种，分布很广。多数可食用，如蚶、牡蛎、青蛤、河蚬、蛤仔等。

腹足类（俗称螺蛳）是软体动物门中分布最广、属种最多的一个纲，在当今动物界中数量仅次于昆虫。它们绝大部分以底栖爬行，仅有少数种类是浮游、附着、凿穴和寄生的方式。蜗牛以及田螺、玉螺、骨螺等各种各样的海生螺类都属于这个纲。

甑皮岩遗址的植被资源丰富多姿，在全新世早期，甑皮岩附近的植被经历了 5 期植被演变和气候变化：第一期，植被比较稀少，种类只有木本的松科、山麻秆科、蕨类的凤尾蕨，草本的豆科，三缝孢子和环纹藻，大体反映了一种比较温凉的气候和稀疏的植被；第二期，松科数量减少，喜暖湿的藻类增加，新出现了菊科、禾本科，反映出气候渐趋暖湿；第三期，新出现了枫香属、野桐属、桑属、栎属、大量草本的十字花科以及金毛狗蕨，反映遗址附近当时应是针阔叶稀树草地环境，气候比较温暖潮湿，各种动植物资源应当比较丰富；第四期，增加了刺朔麻属、无患子属以及栲属植物，反映出遗址附近有亚热带阔叶林木及灌木生长，气候温暖湿润，植物和动物资源比较丰富；第五期，出现了通常喜暖的杉属花粉和棕榈科的植硅石，蕨类和藻类的孢子增多，反映出遗址附近为亚热带植物群落，气候比第四期更加湿润温暖。

丰富的植物资源与环境为各种动物提供了优良的生存环境。从甑皮岩遗址出土的动物化石来看，其种类繁多，水生和两栖动物共计有 56 种，分属无脊椎动物门的腹足纲（50 种）和脊椎动物门的鱼纲（2 种）、爬行纲（4 种）；陆生脊椎动物有 57 种，分属鸟纲（20 种）和哺乳纲（37 种）。比如有亚洲象、黄牛、犀牛、椰子猫、板齿鼠、食蟹獴、水鹿、梅花鹿、棕熊、狗獾、水獭、貉、野猪、豪猪以及大量鱼类、鳖类、贝类等。

梅花鹿

梅花鹿是一种中型鹿。梅花鹿晨昏活动，以青草、树叶为食，好舔食盐碱。其主要生活在针阔混交林的山地、森林边缘和山地草原地区。今分布于中国、日本、俄罗斯等国。

棕熊

棕熊亦称灰熊，是陆地上食肉目体型最大的哺乳动物之一，主要栖息在寒温带针叶林中。棕熊食性较杂，喜欢吃蜜，其食物中植物类包括各种根茎、块茎、草料、谷物及果实等，动物类包括昆虫、啮齿类、有蹄类、鱼、腐肉等。

可以说，甑皮岩遗址是一个适宜人类居住和生活的山水家园，在这片水资源丰富、植被茂盛、可食用自然食材丰富的土地上，甑皮岩先民不但过着优哉游哉的生活，还创造了一个新石器时代早期极有代表性的甑皮岩文化。

甑皮岩人的生活方式

甑皮岩从一个曾经默默无闻的石灰岩洞穴，成为名闻天下的洞穴遗址。这都源自他们所创造的灿烂的史前文化。

他们在江岸平原采摘果蔬，挖掘根茎；他们涉足浅水摸取螺蚌，捕捉虾蟹；他们甚至大胆地击水中流，结网而渔，这里给了他们力量和智慧。他们断竹、续竹、飞土、逐肉，面对这些手持流星锤、弓箭、标枪的万物之长，横行无忌的虎豹豺狼不得不俯首称臣；他们挖土、抟土、捏土、炼土，从此开始烹煮煎炒，饭稻羹鱼。他们脱离蒙昧，新石器文化星火燎原。

住房：从穴居到干栏式建筑

人类在地球上诞生已经有 200 多万年了，但建造房屋的历史却不过万年。那么，在懂得建造房屋之前，人类居住在哪里呢？从目前的考古发掘资料来看，桂林甑皮岩人对洞穴的依赖一直延续到距今 7000 年前。

洞穴是人类最初的家园。根据甑皮岩遗址考古所知，起初，居住洞穴既是甑皮岩先民遮风避雨、御寒饱暖、栖身休息的首选场所，也是他们防御野兽侵袭的最好屏障。从甑皮岩遗址中出土的人类生活遗迹和遗物分析得出甑皮岩人曾在这里居住生活长达 5000 多年。

但是随着时间的推移，洞内堆积物压低了洞穴的高度，居住地面离洞顶距离越来越近，原本宽敞的洞穴逐渐变得狭窄低矮，生活和行动自由受到制约。到了距今约 7000 年前，由于气候变化和环境的改变，一些较低的洞穴已经不适合人类居住，人们不得不走出洞穴，在山岗坡地建造人工房屋，便出现了干栏式建筑。

虽然在遗址内没有发现干栏式建筑的直接遗迹，但是，考古人员却从甑皮岩遗址出土的陶器纹饰上找到了蛛丝马迹，据《寻访万年前的桂林人》一书考证：

1973年，(甑皮岩遗址)第一次发掘时，出土了一件尖唇、直领、斜肩陶器残片，其外壁不仅涂抹红黄色陶衣，还刻划了复杂的原始村落图案。纹饰以斜刻、竖刻和横刻短线组成，单组形似房屋，一正一反连续，领部的纹饰以斜刻和横刻单线组成，形似连续的山峰和山谷，在山谷处还竖刻两组多线划纹，每组六条，形似河流。整体来看，这组图案就像是远古时期“甑皮岩人”村落的写意画。

甑皮岩遗址出土的干栏纹陶片

干栏式建筑复原图

干栏式建筑是在木（竹）柱底架上建筑的高出地面的房屋。干栏式建筑主要是为了防潮湿而建，长脊短檐式的屋顶以及高出地面的底架，都是为适应多雨地区的需要。这种建筑自新石器时代至现代均有流行。主要分布于中国的长江流域以南以及东南亚地区，中国内蒙古自治区、黑龙江省北部，俄罗斯西伯利亚和日本等地都有类似建筑。现在桂林龙脊梯田一带的居民还在使用干栏式建筑起居生活。

干栏纹也是第五期较多出现的纹饰。除此之外，其他一些陶片上由直线、横线和斜线组合的纹饰也很像干栏的局部图案。这些干栏图案不仅表明“甑皮岩人”已经懂得建造房屋，而且流露出他们对房屋的喜爱。

一方面，甑皮岩人在陶器上刻划纹饰并非仅仅为了美观，这些纹饰实际上是他们生产、生活、文化、习俗的反映，干栏纹的出现很可能是甑皮岩人已经懂得建筑干栏技术的反映；另一方面，从第五期甑皮岩人所处的社会发展阶段来看，建造房屋应该在技术上没有问题，在浙江余姚市河姆渡遗址（距今7000年前）发现了同一时期的干栏式建筑遗迹，也可以佐证甑皮岩人已经具备了建造干栏式房屋的技术和条件。不妨据此推断：正是由于甑皮岩人在实际生活中使用了干栏式建筑，他们才对干栏纹情有独钟，并把它作为一种精美的纹饰刻划在陶器表面。

食物：从原始采集到刀耕火种

除了得天独厚的水资源之外，甑皮岩人还需要获得食物，以维持生存。根据甑皮岩遗址出土的植物孢粉组合和动物化石组合可以得知，当时甑皮岩附近分布有茂密的植被和大片的湖沼，生活着种类繁多的水陆生动物。依据甑皮岩人的食材来源，我们大致可以将甑皮岩人获取食物的途径归结为原始采集、捕鱼、狩猎、刀耕火种的原始农业，也有学者认为当时还有家畜饲养的现象存在。

原始采集

采集，可以说是与生俱来的谋生方式，而漓水哺育的桂林大地给他们提供了施展采集技能的空间。

从甑皮岩遗址发掘出土的火塘、灰坑可以找得到他们当年生活过的痕迹，我们可以想象出当时甑皮岩先民的生活场景——他们白天目睹禽兽群群，夜晚又耳闻兽嚎阵阵，处在这种险象环生的环境里，他们不得不选择坚实的洞穴群居。白天，甑皮岩男丁们骁勇善战，身手敏捷，大家或齐心协力围猎动物，或在水塘里叉鱼捞虾；女子们脸上荡漾着春色，穿梭在翠绿的丛林间，采撷着成熟的果实。傍晚归来，大家围坐在火塘边烧煮当天获取的猎物和果实，饱食美味……

植物采集

主持1973年发掘工作的阳吉昌先生认为，甑皮岩植物群中可利用的植物资源可以分为食用、油料、饲料和药用4大类。食用植物有淀粉类的桃金娘科、山毛榉科、毛茛科、百合科等，纤维类的禾本科、槭树科、山茱萸科等，瓜果类的杨梅科、蔷薇科、芸香科、葫芦科、榆科等。油料植物有松科、柏科、梧桐科、大戟科、木犀科、小檗科、木兰科和豆科。阳吉昌先生认为这些植物同甑皮岩人的生产与生活有着密切的关系，是他们平时主要的采集对象。

2001年第二次发掘时，香港中文大学的吕烈丹博士进行了更仔细的孢粉与植物硅酸体采样和分析工作。吕烈丹博士根据遗址地层中花粉的分布状况认为，十字花科、豆科、蕨类和薯蓣等是甑皮岩人重要的采集对象。十字花科、豆科这两类植物的花粉都属于虫媒传播，一般不太可能在洞穴内大量出现，但是在洞口的DT3第7、第10和第13小层分别发现了大量的十字花科花粉，在DT4的第6和第7层发现了比较多的豆科花粉，而在其他层位和地

2001年7月，著名考古学家、香港中文大学人类学系吕烈丹博士到甑皮岩遗址博物馆开展出土石器的功能分析研究工作。

点则很少发现。这种分布状况应该是人为的结果。也就是说，当时人们把采集回来的十字花科野菜放在洞口，把豆科放在洞中间的火塘边烤熟食用。蕨类孢子在遗址各期文化都有发现，这类植物可能一直是甑皮岩人的食物资源之一。蕨类的食用部分是根茎或嫩叶，采集蕨类应当是连根拔起，整棵植物带回居地，因此，它们的孢子有较多机会留在遗址的地层中。在第三期编号 DT4 灶 1 的土样中有 37 颗凤尾蕨的孢子、12 颗金毛狗蕨的孢子。这两种蕨类都是可以食用的。这种蕨类孢子在灶坑集聚的现象，应当是人类食用该类植物的证据。薯蓣等块茎类植物大多是无性繁殖，不开花或很少开花，所以在遗址中没有发现这类植物的花粉，而且其块茎大多可以生食，有些品种从皮到瓤全可食用，被遗弃的机会相对较小，因此，用浮选法也只发现少量炭化块茎。但是块茎类含有大量的淀粉，比其他食物更具果腹感，自古以来就是人类除五谷之外最重要的食物，桂林又是薯蓣类植物的多产区，因此薯蓣类植物很可能是甑皮岩人最重要的采集对象。在整个植物群中，几乎各种植物都是可

甑皮岩遗址DT4灶1发掘现场

金毛狗蕨

金毛狗蕨属国家级濒危珍稀植物，为大型树状蚌壳蕨科金毛狗属的陆生蕨，植株高1～3米，体形似树蕨，根状茎平卧、粗大，端部上翘，露出地面部分密被金黄色长茸毛，形状好似伏地的金毛狗头，故称金毛狗蕨。

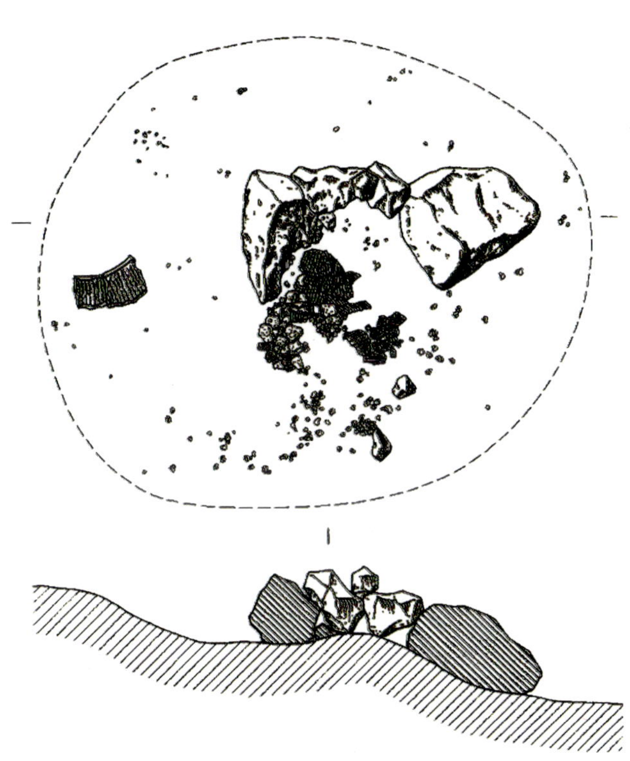

2001年，中国社会科学院考古研究所华南一队（原广西工作队）在清理DT4（清理面积2.5米×2.1米）时，在第12层发现了一处用火的遗迹，由两块不规则大石头和三块不规则小石头围成一个三角形，附近还发现了已经破碎的陶器2件，当时，将此次发掘现场编号为DT4灶1。

甑皮岩遗址DT4灶1平、剖面图

以利用的资源。木本的松属和桑科可供燃料，部分种子可食用；栎属和栲属中有可以食用的果实。禾本科中的许多亚科包括竹亚科、黍亚科，以及十字花科、豆科和棕榈科都包含了许多可以食用、药用、制成纤维等多种用途的品种。遗址中普遍发现的蕨类，不少种属的根茎含有丰富的可食用淀粉和其他营养成分，其嫩叶也可食用。

水生动物采集

在很久很久以前，桂林还是一片汪洋大海。但是海水不深，无数的海洋生物生活在这里。

后来，随着地壳的上升，桂林露出了海面，成为近海陆地。再后来，随着地壳的进一步上升，南岭山脉崛起，海洋后退到现在的位置，桂林成为远离海岸的内陆。

桂林虽然成为陆地，但是陆地上也是有水的，而且是更适合高等动物饮用的淡水。正是因为有陆地和淡水，地球上的生物才如此繁盛，人类也才得以在地球上出现、生存、繁衍和进化。人类不仅离不开淡水，也离不开淡水中的食物。淡水里的鱼类一直是人类口中的美食。

蚌蛤富含蛋白质但缺乏脂肪，几乎不能生吃，直接烧烤也不好吃，但是，如果把蚌蛤放进陶器中，用动物油和各种佐料煎炒烹煮，其味道就会变得鲜美可口。因此，发明陶器后的“甑皮岩人”对蚌蛤也就有着特别的偏爱。

根据对 1973、2001 年两次发掘出土动物化石的整理结果表明，甑皮岩人食用的水生动物种类非常丰富，有骨鳔目 2 种、龟鳖目 3 种、鳄目 1 种、中腹足目田螺科 12 种、柄眼目烟管螺科 5 种、真瓣鳃目珠蚌科 26 种、异齿亚目篮蚬科 6 种、十足目 1 种，共计 8 目 56 种，其中田螺科、珠蚌科、篮蚬科等贝类占了 44 种，文化堆积中螺蚌壳比比皆是。

其中，甑皮岩人最喜欢食用的蚌蛤是中国圆田螺、河蚬、圆顶珠蚌，因为它们的壳在发现的所有蚌蛤中数量最多。在第一、第二期时，甑皮岩人主要食用中国圆田螺，第三期之后河蚬、圆顶珠蚌占比增大。

甑皮岩遗址出土的贝类化石

甑皮岩人烹煮螺蛳的方法

甑皮岩人烹煮螺蛳的方法有两种：一种是不敲掉螺蛳的尾部；一种是敲掉螺蛳的尾部。后一种方法与现代桂林人煮吃“螺蛳”的方法基本上是一致的。现代桂林人烹煮螺蛳的方法是先把螺蛳的尾部敲掉，然后放进砂锅或铁锅中炒干水，加入植物油或猪油炒香，再加入盐、沙姜、八角、紫苏、葱、蒜等佐料和水焖煮至水半干时出锅，这样煮出的螺蛳不仅味道特别鲜美，而且吃螺蛳时只需对着螺蛳轻轻一吸，就能把螺蛳肉吸进口里。如果不把螺蛳的尾部敲掉，则不仅煮不进味，而且还不能直接用嘴把螺蛳肉吸出，必须借助竹签才能吃到螺蛳肉。

捕鱼狩猎

甑皮岩遗址出土的渔猎工具有两类，一是关于捕鱼的工具，有骨镖、骨镞、骨锥等，二是关于狩猎的工具，甑皮岩人的狩猎工具有有柄石锤、流星锤、长矛、标枪、飞石索等。

在甑皮岩遗址中出土的动物化石中目前已经鉴定出哺乳类37种、鸟类20种、爬行类4种、鱼类2种、腹足类50种，共计113个种属的动物，是目前中国出土动物种类最多的新石器时代洞穴遗址。其中哺乳类的“秀丽漓江鹿”，鸟类的“桂林广西鸟”是首次发现的灭绝种属。犀牛、亚洲象、野生水牛是已经在广西绝迹的种属。甑皮岩遗址动物群具有明显的热带、亚热带特征，对研究全新世以来漓江流域自然环境和气候的变化具有重要的参考价值。甑皮岩遗址堪称远古桂林的资料库。

捕鱼

考古工作者在第一期和第二期的地层中各发现了一件残骨镖，其横剖面均略呈半圆形，正面略弧拱，背面略平，器表灰白色，部分呈褐色，为火烧所致，近锋端两侧有略倾斜的小凸起，为鱼镖的倒刺。到了第三期时，骨镖的倒钩就不仅锋利，而且方向朝后，结构更为合理。例如在第三期出土的一件残骨镖，其横剖面为椭圆形，器表灰黄色，通体磨制，两侧残留交替相间的 3 根倒刺，倒刺粗短而尖锐。

甑皮岩遗址出土的骨鱼镖

此外，甑皮岩人可能已经掌握了编织渔网的技术，由于渔网是用线绳编织的，但植物线绳不宜保存下来，因此考古工作者并没有在遗址中发现渔网的实物和痕迹，但是却发现了一些体积不大不小、穿孔比较小的穿孔砾石，这些穿孔砾石作为石锤太小，作为装饰品太大，许多专家认为很可能它就是穿在渔网上的坠子——网坠。除了穿孔砾石可以作网坠，未经加工过的长条形、腰形砾石也可以绑在网上作网坠。因此，甑皮岩人能够制作渔网并用渔网捕鱼的假想完全有可能是事实。

狩猎

在甑皮岩遗址中出土的许多圆形石球，它们很可能就是制作流星锤的原材料。有柄石锤是由穿孔砾石和木柄组成，甑皮岩遗址出土多件大小不一的穿孔砾石，最大的穿孔砾石直径最长处达 9.6 厘米，厚 4 厘米，孔穿于圆面正中，孔径 2.6 厘米，穿孔方法为两面对钻。把这种穿孔砾石套在木柄的一端，就组合成一件具有杀伤力的工具——有柄石锤。

甑皮岩遗址出土的穿孔石器

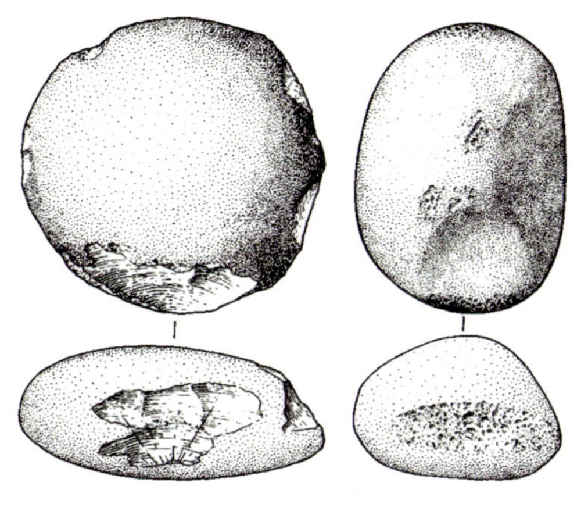
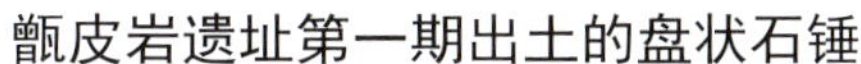

甑皮岩遗址第一期出土的盘状石锤

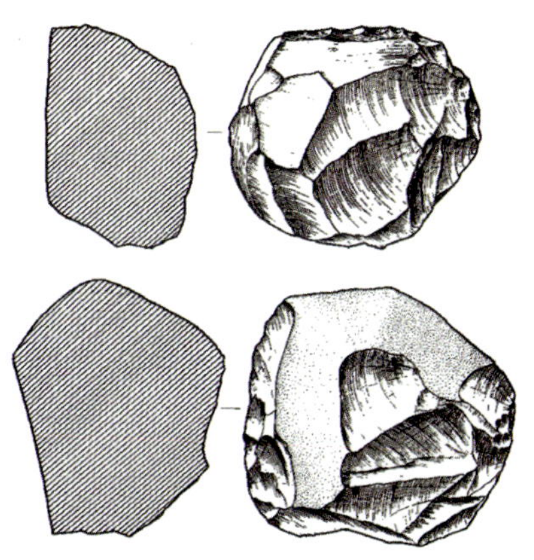

甑皮岩遗址第一期出土的砍砸器

甑皮岩人不仅使用流星锤和有柄石锤，而且还使用长矛和标枪。在甑皮岩遗址中出土了一件磨制得相当光滑锋利的石矛头，把它绑在木杆的一端就组合成了一件适合刺杀的武器——长矛，人们利用它就可以对付体型庞大且比较凶猛的动物，如熊、虎、豹、犀牛等。当然，削尖的竹竿和木杆也可以直接当矛使用，但是杀伤力远不及绑上石矛头的长矛。此外，甑皮岩人可能采用围猎、设陷阱、伏击等多种狩猎方法。

甑皮岩遗址出土的磨制石矛

通过出土的动物骨骼可以推测出甑皮岩人所猎取的动物，有肉食性动物和植食性动物，比如虎、豹、熊等大型肉食性动物，还有大象、犀牛、水牛等大型植食性动物。

现生犀牛

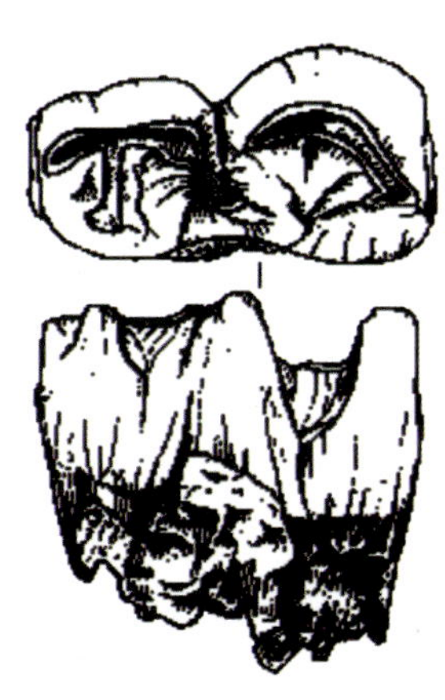

甑皮岩遗址出土的犀牛游离齿剖面图

亚洲象门齿

出土层位：第3层

出土时间：1973年

所属时代：全新世早期

亚洲象

亚洲象是亚洲大陆现存最大的植食性动物。在早、晚及夜间，它们会外出觅食，食用草、树叶、嫩芽和树皮，也会吃香蕉和甘蔗。

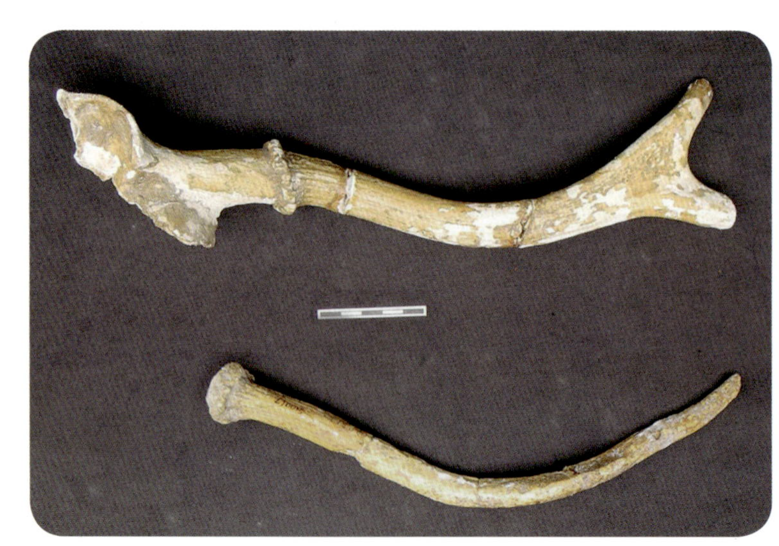

秀丽漓江鹿犄角

出土层位：第3层

出土时间：1973年

所属时代：全新世早期

（上：成年；下：幼年）

刀耕火种

自从甑皮岩遗址被发掘以来，有关甑皮岩遗址是否存在原始农业的问题一直是学术界广泛关注的话题。在1973年的发掘报告中，发掘者根据遗址中出土的石斧、石杵、蚌刀等遗物，认为当时已经有了原始农业。

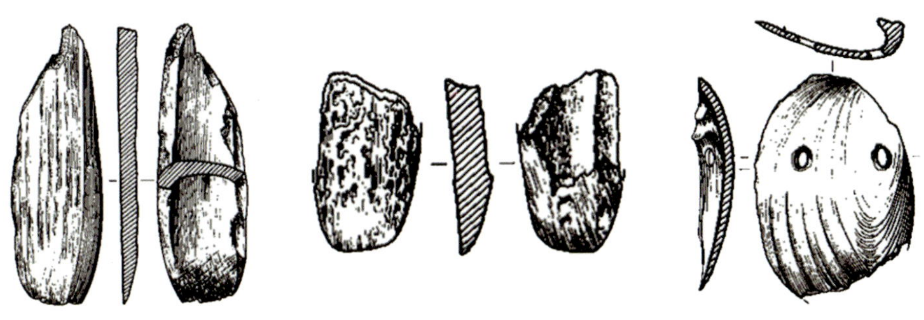

甑皮岩遗址第一期出土的骨铲、角铲和蚌刀（从左至右）

发掘者之一的阳吉昌先生还根据甑皮岩植物群中禾本科植物的存在，推测当时已经有了稻作农业。有些学者则认为应是园圃式的瓜果类与块茎类植物的栽培。但与此同时，也有不少学者认为甑皮岩尚未出现任何形式的农业。

2001年甑皮岩遗址发掘进行浮选工作现场

该方法采用中国社会科学院考古研究所科技考古中心赵志军博士设计制作的浮选机进行完全浮选。为了便于分析植物遗存在时空上的分布规律及变化情况，在浮选土样的收集过程中，考古工作者以探方为单位逐层进行采样，共获得浮选土样81份。收集浮选（水面漂浮的炭化物）和粗选（沉淀在下部的炭化物或非炭化物）的标本，并拣选漏筛的细小动物遗骸，如鸟类、鱼类等，供进一步分析研究。

在2001年的发掘过程中，发掘者采用了在20世纪70年代尚未应用到考古发掘上的一些科技方法和手段，如浮选法和植硅石分析法等。

植硅石采样剖面图

为进行土壤酸碱性、植物孢粉、植硅石的分析与研究，在每一探方的每一地层均采集了5厘米×20厘米×5厘米的土样，然后送交实验室进行植硅石的提取和分析。同时在甑皮岩遗址周边也进行了植硅石采样，以方便比较分析。

考古人员对甑皮岩遗址的植物遗存进行了细致的提取和系统的研究，试图拨开甑皮岩农业的疑云，结果显示，在遗址中发现炭化植物果实和块茎，但是没有发现任何野生稻和栽培稻的种子和植硅石，由此可知，甑皮岩人自始至终都没有与稻类植物发生过关系，更没有从事过稻作农业。

甑皮岩遗址没有稻作农业的迹象，但不能就此断定甑皮岩人不从事任何形式的早期农业生产活动。原始农业的出现并不是以种植谷物为唯一标准的，在某些地区，块茎繁殖类植物的栽植有可能早于种子繁殖类植物的种植。现代块茎繁殖类作物最主要的品种有马铃薯、甘薯、红薯、参薯、芋等，其中，参薯和芋的起源地一般认为在东南亚一带，但也可能包括了中国的两广地区。红薯、参薯和芋都是块茎类植物，块茎是一种变态的地下茎，

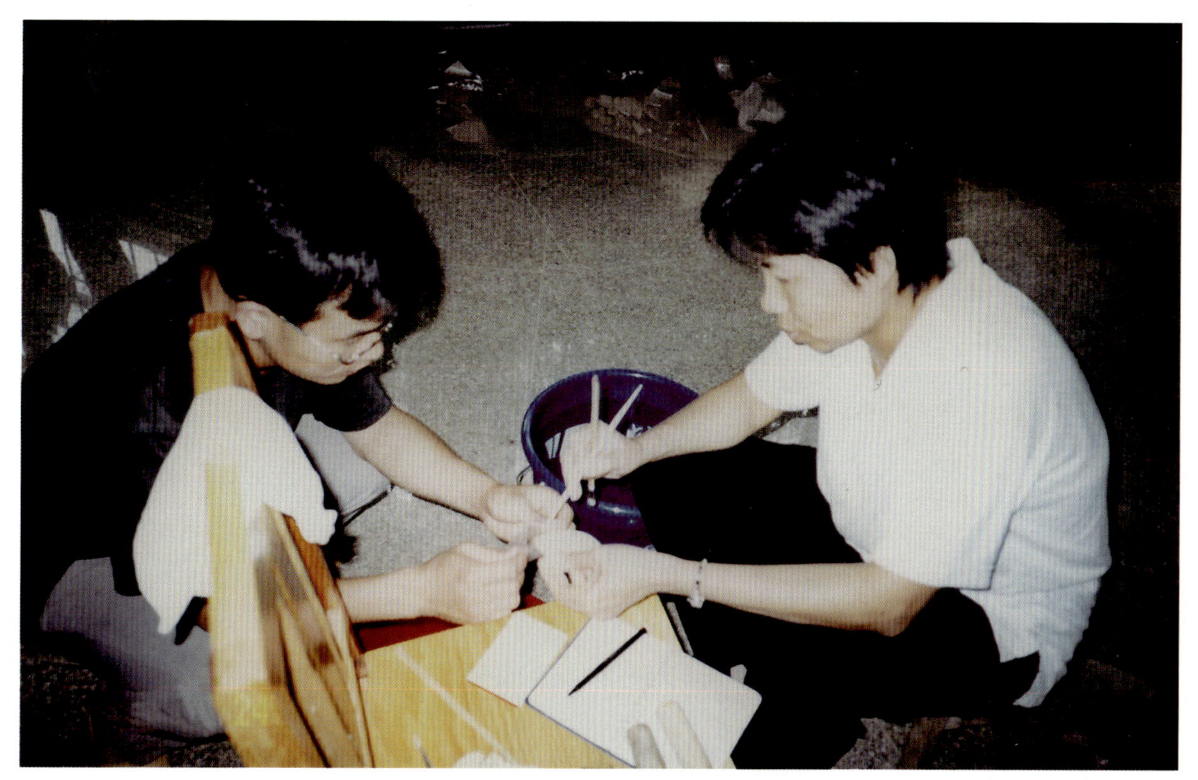

考古工作者正在取出土标本残留物

茎内储藏了丰富的养料，表皮有许多小芽，只要外部条件适合，这些芽就可以依靠储藏养料萌发并成长为新植株。块茎类植物的这种特殊的繁殖能力使其栽植、驯化过程比谷类植物的种植和驯化简单得多。例如，甑皮岩人将采集到的野生芋、薯带回居住地食用，将吃剩下的残块随意遗弃在周围，只要残块上还保留有小芽，来年就可以发芽，生长出新的芋、薯，当人们观察和了解了这一现象后，就有可能开始有意地将吃剩的野生芋、薯种植到地里，使其发芽生长，最后收获更多的芋、薯，于是，最初的农业——栽植块茎类作物——就出现了。因此，这里出现最早的农业很可能不是种植谷类，而是栽植块茎类。

现生芋头

根据现有的资料，我们还无法判断甑皮岩人栽植了哪些块茎类作物，但由于在各期样品中都发现有炭化块茎类植物遗存，而这类植物遗存靠自然力进入遗址文化堆积中的几率比较小，又大多与可食用植物有关，因此可以肯定它们属于甑皮岩人的食物遗存。考虑到块茎类作物的栽植过程相对比较简单，再考虑到数千年间甑皮岩人对当地块茎类植物的认识和了解，甑皮岩人栽植某些块茎类作物的可能性是完全存在的。

在桂林市雁山区李家塘村庙岩遗址中发现的一件荸荠泥塑表明，比甑皮岩人略早的庙岩人已经能够种植荸荠这种水生作物。据此推测，甑皮岩人种植荸荠的可能性也是存在的。直到现在，荸荠仍然是桂林地区的传统栽植作物。

现生荸荠

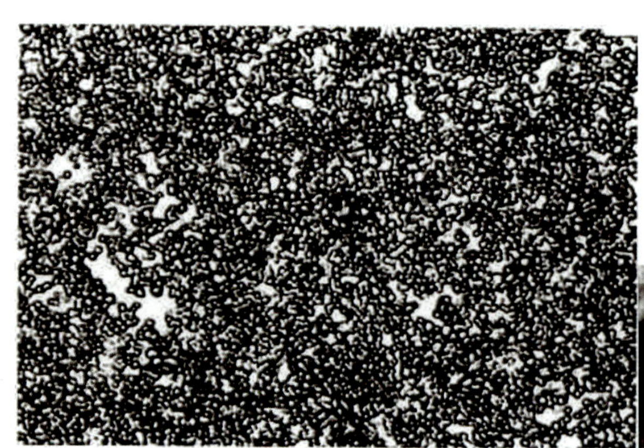

现代芋类淀粉

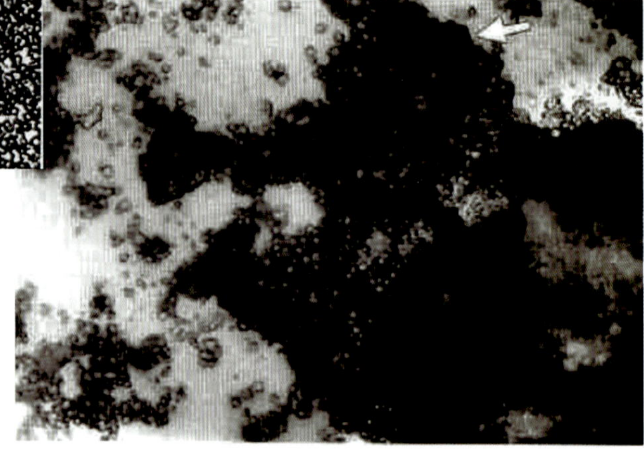

甑皮岩遗址残留的芋类淀粉

家畜饲养的争议

在新石器早期动物界出现了一拨“贵族宠物”，它们由人类饲养，猪有幸成为“贵族”之一，然而“贵族”也有烦恼，它们最终还得进入人的肚子。家猪是由野猪驯化而成的，野猪性情凶悍，长嘴獠牙，非常凶猛，人们在捕获它时常常会付出惨重的代价。然而野猪也是猪，终究抵挡不住人类的各种擒拿手段，大的被捕杀，小的被活捉。人也不乐意天天冒着生命危险去捉野猪，于是就把吃剩的小野猪饲养起来，不断驯化，久而久之就形成了原始的家猪饲养。

猪骨是新石器时代遗址中的常见之物。判定古遗址中猪化石是家猪还是野猪主要有三条标准：

一是形体特征。家猪的头骨、颌骨、牙齿等与野猪的相比均较小，通过测量可以进行明确的区分。但遗憾的是新石器时代遗址中出现的猪骨大都破碎残缺，因为当时的原始人类敲骨吸髓，一般不会留下完整的猪骨。而且，野猪最初被驯化时，其骨骼形态并非一下就出现明显变化，若要骨骼形态有明显变化，则需要一个时间过程。另外，还有个体差异问题。由于年代和地域不同，猪的骨骼大小会产生差异，又由于性别的不同，猪的骨骼大小也会产生差异。因而对于早期的家猪辨识需多方面考虑，仅有骨骼测量是不够的。

二是年龄结构。根据年龄结构辨识家猪是目前较为常用的一种方法。一般认为，如果遗址中的青年猪和成年猪占多数则为人工饲养，因为家养猪一般养到青年或成年时就会被宰杀，而青年、成年野猪善于奔跑，比较强壮，不易捕捉；如果遗址中的幼年猪和老年猪的比例高则是野猪，因为家养猪太小、太老宰杀都不划算，几十年前农民家庭养猪一般要养一至两年才宰杀，新石器时代人类刚开始养猪，喂养技术不高，恐怕要养两至三年才会宰杀，而幼年和老年野猪恰恰不善于奔跑，比较衰弱，容易被捕捉。

三是掩埋现象。例如在遗址中的灰坑或墓葬中发现完整的猪骨架或集中在一起的猪颌骨，往往就是家猪。

当然，遗址中猪化石是否家猪还可以根据一些相关资料来佐证。例如，遗址中出现畜栏的遗迹，艺术品中出现猪的雕塑，陶器纹饰里出现猪的图案，这些都可以作为养猪的佐证。

就单种动物而言，甑皮岩遗址的猪化石数量是最多的，迄今为止至少已鉴别出70个个体。它们是不是家猪呢？有人说是，有人说不是。

1973年第一次发掘后，中国科学院古脊椎动物与古人类研究所的专家李有恒、韩德芬先生从甑皮岩遗址动物化石里鉴别出67个个体的猪化石。他们观测到其中40个个体的死亡年龄，1岁以下的有6个，1～2岁的有26个，两者共占到80%，同时观察到所有猪的第三臼齿磨蚀得不是很深，犬牙数量不多，较为长大粗壮的犬牙更少见，犬齿槽外突的程度很差，门齿一般都较细弱，于是推测出甑皮岩遗址中的猪化石属于家猪。

2001年第二次发掘后，中国社会科学院考古研究所袁靖研究员对新出土的3个个体的猪化石和部分尚保存在甑皮岩遗址博物馆的1973至1979年出土的猪化石进行了研究。根据他的测量，这些甑皮岩的猪化石的右上颌第三臼齿、右下颌的第三臼齿的尺寸都比较大，这种现象在他以往整理的新石器时代遗址中出土的猪骨中是少见的。他还依据自己建立的利用牙齿的萌生和磨损级别推测年龄的公式对甑皮岩的这些猪化石进行年龄估算，得出1973年发现的猪化石的平均年龄为2.46岁，2.5岁以上的占60%以上；2001年新发现的3个猪化石中年龄有2个大于2.5岁，有1个大于2岁。他认为这种年龄结构与新石器时代中期以来或是历史时期的家猪的年龄结构相比明显偏大。根据这些现象，他认为甑皮岩的猪化石极可能不属于家猪，而是野猪。

著名考古学家袁靖

2001年7月，著名动物考古学家、中国社会科学院考古研究所科技中心主任袁靖研究员到甑皮岩遗址博物馆指导开展出土动物骨骼的种属鉴别研究工作。

但是，最新的观点并非就是最终的观点。甑皮岩遗址的猪化石到底是属于家猪还是属于野猪这个问题恐怕还得争论下去。

服饰：懂得装饰之美的远古人

甑皮岩遗址共出土了12枚骨针，其制作时期越晚，做工就越加精细，其中有两枚骨针的针尖、针孔保存完好，针尖锋利、针孔适当，标准定型非常合理，除体量稍大外，与现代的钢针几无二致。据此推断，甑皮岩先民已经会穿针引线。穿针引线的目的是什么呢？当然是缝制衣服！也就是说，甑皮岩人已经穿着衣服，不再是赤身裸体了。

甑皮岩遗址出土的骨针

虽然我们至今没有出土衣服实物，无法确定甑皮岩人衣服的质地和式样，但是我们根据陶器表面的绳纹、席纹、篮纹、筛纹等编织纹推断，甑皮岩人不仅掌握了搓绳捏线技术，而且已经掌握了经纬编织技术。他们完全有可能把编织技术用于衣服制作，用植物纤维揉搓成线绳，用经纬编织法把线绳编织成布，再用骨针将布缝制成衣服。用植物纤维制成的衣服不仅冬天可以遮挡风寒，而且由于透气吸汗，夏天也可以穿着，这样在森林里狩猎时就不会被刺藤扎伤皮肤，在烈日下采集食物时就不会被阳光灼伤皮肤。

除了植物纤维外，鹿皮、麂皮、虎皮、豹皮等也可能是甑皮岩人制作衣服的材料。甑皮岩人特别喜欢猎取鹿和麂，原因恐怕不仅仅是鹿肉和麂肉好吃，很可能还因为鹿皮和麂皮既好看，又柔软，适合制作衣服吧。

如果说甑皮岩人缝制衣服的主要目的是为了取暖御寒，保护身体，那么细心制作的骨笄及骨饰、蚌饰则完全是为了装饰和美观。在甑皮岩遗址中出土了很多两端细、中间粗的骨器，它们与后期常见的束发用的笄很相似，显然是原始的束发工具。此外，还出土了一件形似骨镖的骨饰品，它的横剖面略呈半圆形，正面略弧拱，背面略平，近锋端两侧有垂直的倒钩状凸起，通身装饰用剔雕法雕刻出的锯齿形纹饰，正面四组，背面两组，均竖向平行排列，共同组成似鱼鳞的装饰图案。该器物显然不是实用器，而是装饰品。此外还出土了一件穿孔骨饰品（KBTI001），它的上端有两个单向的钻孔，中部呈束腰形，下端微张，通体磨制光滑。

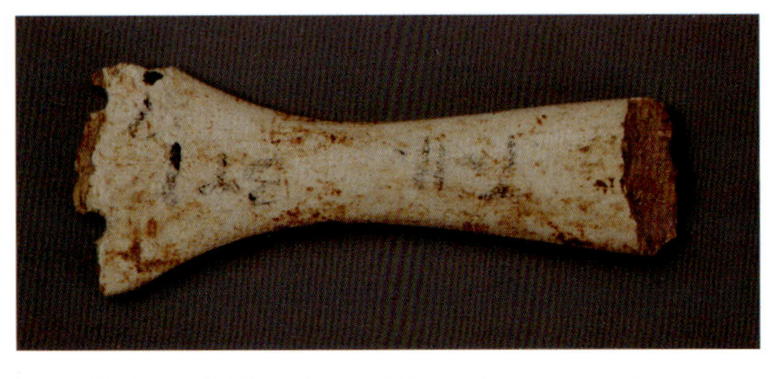
甑皮岩遗址出土的骨饰品（KBTI001）

甑皮岩遗址库存的文化遗物，统一用字母K表示，K即库存遗物的意思。如K矮支T1，就是甑皮岩遗址矮支洞区T1号探方出土的库存文化遗物。

虽然这些骨笄、骨饰与后代的银笄、金簪、珠环、玉佩无法媲美，但是，当这些饰品佩在穿着鹿皮大衣或麻绳布衣的高挑健美的甑皮岩女人身上，正是恰到好处，一种原始而野性的美跃然而出。

出行：从水波纹说起

甑皮岩遗址第五期出土的陶器上出现了大量的水波纹，是否可以理解成他们对水的认识、利用和征服呢？

水是一切生命不可缺少的物质。先民们对水的利用很广泛，包括饮食、沐浴、渔捞、舟楫之利等。然而，当山洪暴发、江河泛滥时，水又威胁着先民们的家园，迫使他们丢弃昔日的家园，到别处另寻适合生活的地方。对水的依赖，对水的逃避，这两方面都能促使先民们对水产生征服的欲望。

人类征服水的主要标志就是舟船的发明和应用。

据考古专家研究认为，在史前文明时期，造船的加工工具是石锛、石凿。而甑皮岩人也具有制作和使用石锛的悠久历史，因此，他们也有可能已经懂得如何制造独木舟。

如果甑皮岩人在距今7000多年前已经会制作和使用独木舟的推测是正确的话，那么甑皮岩人在陶器上刻划精美的水波纹就是他们征服水后愉悦心情的表现。那时候，他们不仅可能划着独木舟在漓江上捕捞鱼虾，渔歌唱晚，而且还可能随波逐流，自由迁徙。江河不再是他们走向新天地的鸿沟，反而成为他们前进的通道。

于是，我们可以想象出这样一幅情景：在距今7000年前，一部分甑皮岩人从桂林出发，他们驾着舟船漂流到了更加广阔的平原……

甑皮岩人的习俗

甑皮岩人是一个奇异的氏族，给后世留下了一个个谜团：生死同穴，屈肢蹲葬，独特的死亡原因，以及族外通婚等，考古人员通过这些渐渐还原了甑皮岩人的生存状态，给我们探索甑皮岩人的精神世界提供了依据。

奇特的葬俗

生死同穴

甑皮岩遗址墓葬的分布很有规律，基本上只分布在洞顶与地面距离最低的洞内右部至水洞口一带，尤以洞右部偏里处（DT2 和 BT2）最为集中，在仅发掘的 13 平方米范围内竟出土了 13 个墓葬 14 具人骨架。但是在洞顶与地面距离最高的洞左部却没有发现一个墓葬。这种分布状况似乎表明右部的墓葬是被居住在左部的人埋葬的，也就是说当时人类是把死者埋葬在居住的洞穴里的，只是生活区和墓葬区分开罢了。

1973年甑皮岩遗址发现的遗骨

1973 年，在 BT2 西南角发现一块长 60 厘米、宽 50 厘米、厚 2 厘米的红烧土，其中心有一个长 28 厘米、宽 20 厘米的椭圆形凹坑，坑面的烧土坚硬，坑内为松散的白灰土，发掘者认为这是一处经过长期烧火使用的灶坑。在灶坑的附近分布着数个墓葬。

2001 年再次发掘时，在洞左部第四期地层中发现一处灶坑，位于 DT4 中部偏西，由 5 件天然石灰岩石块围成一半圆状，内有残陶器两件，周围发现较多的木炭碎屑，但不见红烧土痕迹。据出土现象观察，应为火塘。

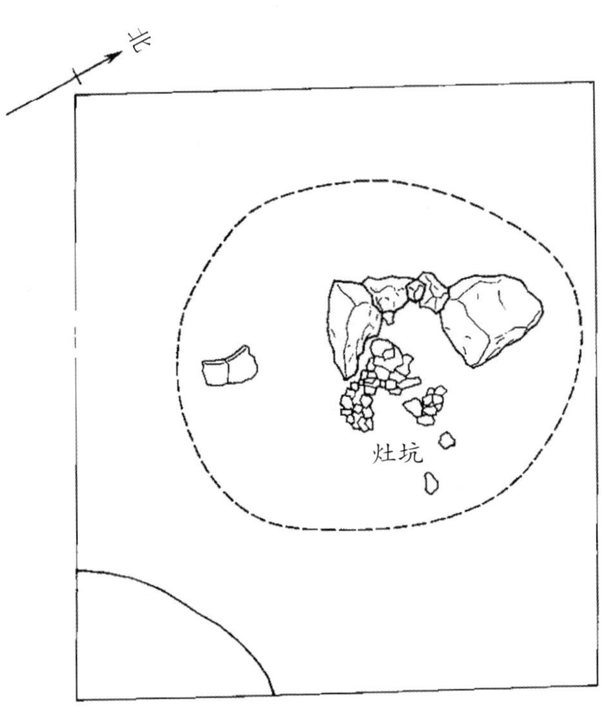

DT4 中的灶坑

1973年甑皮岩遗址发掘现场

2001年发掘前的甑皮岩遗址

屈肢蹲葬

甑皮岩先民给我们留下了许多不解之谜，而其中最令人称奇的就是他们的埋葬习俗——屈肢蹲葬。

甑皮岩遗址的墓葬出现是在第四期和第五期，迄今为止已经发现26座墓葬，以屈肢蹲葬这种姿势出现的就占了21具，因此可以推断，甑皮岩先民当时已经形成了固定统一的葬式，那就是屈肢蹲葬。

甑皮岩遗址中遗骨最密集的BT2

屈肢蹲葬

标准的屈肢蹲葬姿势是：死者俯首、弯腰、下肢蜷曲、上肢垂落或交于胸前，有的双手呈环抱膝状，形如蹲踞，因此又称蹲踞葬。另外还有一种侧身的屈肢蹲葬，但数量不多。

甑皮岩遗址BT2M8

BT2M8 位于 B 区 T2，近圆角方形竖穴土坑墓，东南角一部分在 1973 年发掘时挖去。墓坑长 0.67 米、宽 0.6 米、深 0.68 米。内填黄色土夹灰白土、红土及少量螺壳、兽骨。人骨上压大小不等的不规则石灰岩石块 9 件。从形状观察，原应为背南面北而蹲踞，但因骨架扭曲变形，使头、面向发生变化。该墓主为男性，年龄在 25 ~ 30 岁。

考古学上通常将墓葬遗迹简称为 M，每一个墓葬遗迹又有其编号，编号使用数字，例如 BT2M8，即甑皮岩遗址 B 区 2 号探方 8 号墓葬。

通过考古发掘显示甑皮岩人的墓葬是有葬坑的。

参与 2001 年甑皮岩遗址发掘的考古学家、中国社会科学院考古研究所研究员傅宪国说："最早发掘清理 BT2 北壁，发掘范围 2.7 米 ×0.7 米。首先发现了宋代的地层，继续下挖不久，在刮平面时（第 12 层）发现了几块石灰岩石块露头，根据我们在广西考古工作的经验，当时判断这很可能是一座墓葬，所以特别留意墓葬开口和墓葬坑壁是否存在。后来的发掘证实了我们的判断。这是一个屈肢蹲葬墓，而且存在非常明显的墓坑。根据资料，以前曾在该探方发现过 7 座墓葬，我们便依序把它编为 BT2M8。不久，在它的东侧的第 14 层下又发现了 BT2M9，同样存在明显的墓坑。这证实了甑皮岩遗址的墓葬是有墓坑的。为了现场保护这两座墓葬，我们结束了 BT2 的清理发掘工作。”

甑皮岩人为什么会选择屈肢蹲葬这种葬式呢？为什么要把死者埋葬在生者仍然居住的洞穴里呢？在当今人们眼里，这种葬俗是令人难以接受的。

有些专家认为，在石器时代，由于生产工具简陋，挖掘深、宽的墓坑是很艰难的事，人们为了省时省力，就尽可能地把墓坑挖得小、浅，这样就只能把尸体弄成屈肢蹲踞的姿势掩埋。久而久之，这种省工偷懒的行为就演变成固定的葬俗。

也有专家认为，屈肢蹲葬的姿势像胎儿在母体内的样子，因此实行屈肢蹲葬很可能体现着古人希望死后投胎转世、获得新生的观念。

还有专家认为，早期人类认为肉体的死亡并不是生命的终结，而只是一种长眠。长眠的人是可以苏醒的，但在长眠期间无法抵御外来的侵袭，因此，需要掩埋以保护肉体。当时桂林地区原始人休息、睡眠的姿势主要是蹲踞和侧倚，所以就把“长眠”的亲人弄成蹲踞或侧倚的姿势掩埋在身旁。

或许，甑皮岩人葬俗的出现和定型不能简单地归因于一种因素，而应是多种因素综合影响的结果。它首先可能是源于死亡是长眠的意识，但当人们发现这样掩埋“长眠”者不仅省工而且省地的时候，这种葬法就得到推广和沿袭，成为固定的葬俗。

再后来，人们的亲族观、灵魂观逐渐增强，把死亡的亲人特别是死亡的长辈埋葬在同一墓地成为表现亲缘关系、灵魂不灭观念和祖先崇拜的必不可少的仪式，于是就出现了以屈肢蹲葬为主要葬式的家族墓地。

死因猜测

甑皮岩人的死亡年龄和死亡原因也是科学家感兴趣的问题，因为通过对死亡年龄和死亡原因的研究可以反映出他们的生活水平。研究人员通过甑皮岩人身上的伤痕，根据他们独特的死因，推测这些可能是史前战争造成的。

BT2M1 为一位年龄 40 岁以上的男性。他的头骨上有 7 处创伤，都是属于人工打击形成，因为这 7 处创伤皆穿透颅骨骨壁，直达颅内，颅外壁创伤面较大，颅内壁创伤面较小，且创伤辐射比较均匀，即穿孔的截面呈比较规整的倒梯形，说明形成创伤的受力方向是自上而下基本与颅壁相垂直的。从创口形状及创伤性质看，造成此类创伤的器械

阳吉昌（右二）与古人类学家张银运等分析研究甑皮岩先民遗骸

有两种，一是钝器，把部分头骨打陷了，另一种是前端比较锋利、形状为尖圆形，后端截面呈椭圆形的锐器，在骨骼表面形成了大小、深浅不一的穿孔。

BT2M3 为一位 5 岁大小的小孩。在他的额骨中部及左侧有在一条直线上的 3 个穿孔。这 3 个穿孔未见愈合迹象，穿孔内外壁几乎相等，估计是一种锐器以几乎垂直于骨面的方向连续打击形成，且力量较大，导致该儿童命丧黄泉。

BT2M4 为一位年龄在 40 岁以上的男性。该个体有两处创伤：眉间有一长条形穿孔，从右侧眼眶内上角横向左侧眼眶内上角，属于人工钝器打击而成；右侧冠状缝后部，距离冠状缝约 32 毫米处有一较大的长条形穿孔，是摔倒磕在石头等坚硬物体上形成的。估计此人是被人从正面打击头部后倒地磕石致死。

BT2M5 为一位年龄在 30 岁左右的男性。他的头顶左侧有一处凹陷，可能被钝器打击形成；他的右股骨近髌骨处有一处凹槽，凹槽内遗留有三角形尖石片，应为残断的石箭头或石矛头。此人可能是被敌人用弓箭射倒后被锤击脑部致死。

DT1M1 为一位年龄在 35 岁左右的女性。她的头部没有伤痕，但是左股骨近髌骨处有一处凹槽，凹槽内插着一块 20 毫米 ×10 毫米的尖石片，可知生前遭受利器打击。

DT2M1 为一位年龄在 40 岁左右的男性。他的头骨上有两处创伤：一处创伤位于眉间，由额结节下方斜向左眼眶上内角，约呈长条形穿孔性骨折，应该是石斧类器械打击形成；

左侧额骨下侧、蝶骨上方有一穿孔，边缘比较平整，打击点明显，应是钝器打击形成。这一斧一锤下来，再强壮的汉子也只得认栽。

DT2M3 为一位 35 岁以上的女性。在她的头骨上有 3 处人工创伤：右侧顶结节前部穿孔约呈三角形，或由锐器打击形成，或是撞击在坚硬石头的尖利的一角形成。枕外隆突右下方穿孔形状约呈刀把形，成因与顶结节前部穿孔相似。人字缝左侧中下部穿孔与前两处穿孔略有不同，此穿孔位于一骨质塌陷区内；塌陷区从左侧顶骨中下部和颞骨中部向后下方延伸至左侧人字缝后部，呈长条形，断裂线明显，显然是钝器打击产生大面积骨折导致塌陷；穿孔位于塌陷区内左侧人字缝中部，呈长条形，穿孔断裂面明显，内壁有骨屑迸裂现象，此穿孔形成于锐器打击。对一位女性也施出如此残忍的连续打击，战争的残酷可想而知。

当时的甑皮岩人上山狩猎、下水捕鱼、爬树摘果，这些都可能发生意外，但是从出土人骨的伤痕来看，这些甑皮岩人不大可能是在生产劳动中意外死亡的，他们中有被杀死的，也有很大一部分是由外伤或间接由外伤致死的。在墓葬坑里发现有用钝器打击眉间并从高处跌破脑颅后死亡的，这明显是被人杀死的。这也就是说，在距今 12000 ～ 7000 年前，甑皮岩遗址周围生活着相当数量的人群，自然资源的丰富并不能使他们完全和平共处，而是存在着相互间的争斗，甚至你死我活的“战争”。在争夺资源的同时，也导致了大量的伤亡，从而在头骨及肢骨上留下了创伤痕迹。

族外群婚

从社会发展水平来看，第一期至第四期的甑皮岩人处于新石器时代早期，第五期甑皮岩人处于新石器时代中期。学术界普遍认为猿人阶段（旧石器时代早期）人类婚姻形态为原始乱婚，早期智人阶段（旧石器时代中期）人类婚姻形态为族内群婚（“普那路亚”家庭，或称血缘家庭），晚期智人阶段（旧石器时代晚期）人类婚姻形态为族外群婚，新石器时代早期和中期逐步向配偶相对固定的对偶婚（族外群婚的高级形态）过渡，最后在新石器时代晚期和末期演变成夫妻关系固定的夫妻婚。如果按照以上常规，甑皮岩人的时代是新石器时代早期至中期，其婚姻形态应该是族外群婚阶段的对偶婚。

婚姻形态

人类不是单性繁殖的动物。人类与其他灵长类一样，繁衍后代必须经过性成熟的雄性和雌性的交配。但人类毕竟不是一般的动物，两性交配并非仅仅为了繁殖后代，它还包含着情感、道德和责任。因此就存在着如何让男人和女人自愿、合情、道德地结合的问题。解决这个问题的方法就是创建并遵循一种被社会认可的婚姻形态。

甑皮岩遗址第四、第五期的墓葬形制支持这个推断。在所能确定形制的 20 多个墓葬中，没有发现任何成年男女合葬墓，这表明甑皮岩人还没有实行夫妻关系稳定的夫妻婚；成年男子墓有些是二次葬，不排除是外嫁的男子死后归葬母氏族，而成年女子墓则没有二次葬；存在婴儿与成年女子合葬墓，但不存在婴儿与成年男子合葬墓，表明婴儿与母亲有确定的关系——“只知其母不知其父”。因此，可以据此判断：甑皮岩人最迟在第五期时（新石器时代中期）仍然没有实行夫妻婚，换言之，他们从第一期到第五期一直实行族外群婚。

当然，在 5000 年间甑皮岩人的婚姻形态也并非毫无变化。在第一至第三期时，他们没有把死者埋葬在居住的洞穴内，表明那时人们对血缘、家族可能还不看重，在婚姻上可能是比较杂乱的族外群婚。到了第四期时，开始把死者埋葬在生者身旁，表明人们开始注重血缘和家族，婚姻关系可能开始向族外群婚的高级形态对偶婚过渡。第五期母婴合葬墓的存在表明甑皮岩人已经有固定的母子关系，已经实行族外群婚的高级形态对偶婚了。

无论甑皮岩先民采用上述哪一种婚姻形式，他们对待氏族、家庭都会负责任、尽义务，在人类发展的历史长河中起到“传递棒”的作用。

母系家庭

在实行群婚制的社会里，女人和男人的性伴侣都是不固定的，这样就无法确定谁是婴儿的父亲，但是婴儿是母亲十月怀胎后从产道娩出的，谁是母亲是完全确定的，因此，实行群婚制时代就“只知其母不知其父”，氏族的血缘关系就只能以母系血统计算，由这样的母系氏族组成的社会就被称为母系氏族社会。

在母系氏族社会，人丁兴旺与否是一个家庭、氏族或部落兴衰的标志。人们把繁衍后代、多子多孙看作是本血缘团体中的大事，而妇女被认为是人类繁衍的主要力量，因而受到普遍尊敬。母系氏族的族长理所当然地由子女最多、辈分最高的女性担任。

埋葬在甑皮岩内的妇女中，有两位生前可能是族长。

1973年第一次发掘时，在BT2M2人头骨和DT2M3人盆骨上发现有赤铁矿粉末。前者是一位30来岁的中年妇女，葬式为侧身屈肢蹲，后者是一位35岁以上的妇女，葬式为屈肢蹲。赤铁矿粉末颜色如血，而血代表着生命，因此许多原始民族把赤铁矿粉末看作生命的象征而加以崇拜。骨盆所处位置则是妇女怀胎和生育的地方。迄今为止，在甑皮岩遗址共发掘出26个墓葬，身上撒有赤铁矿粉末的仅此两位，显然这是一种尊崇和荣耀。甑皮岩人把赤铁矿粉末撒在女性的骨盆上，也许是对其多子多孙的崇拜。在母系氏族里，这样一位多子多孙、受人尊敬的妇女生前被奉为族长是理所当然的。因此，这两位女性墓主生前很可能就是族长。

赤铁矿是自然界分布极广的矿物质，是重要的炼铁原料，其颜色为红色，也可以当做红色颜料。

走出洞穴 甑皮岩人的迁徙

在桂林地区大约有3500个洞穴，现在发现有原始人类活动的遗迹、遗物的洞穴有百余处。我们相信被原始人使用过的洞穴远不止百余个，但这并不意味着有几百支不同来历的原始人群同时居住和使用这些洞穴。我们推测，这几百个洞穴很可能是被甑皮岩人氏族及其子氏族（他们共同组成“甑皮岩人部族”）在不同时期居住和使用，因为这些洞穴内的文化堆积及出土遗物具有很大的相似性。

活动范围

甑皮岩人的活动范围并不仅仅局限于甑皮岩及其附近。实际上，甑皮岩只是他们众多洞穴居址中的一个。在甑皮岩南面的大风山山腰就还有一个叫朝桂岩的石灰岩洞穴，洞中也有含螺壳、蚌壳、兽骨的堆积，并发现砾石石片、石核及打制石器。这个洞穴很可能是甑皮岩人的另一个居址。在北面的相人山山腰也有一个适合居住的洞穴，可惜洞内堆积物已经被彻底破坏了。

甑皮岩是甑皮岩人经常的住所，但不是唯一的住所。在一年当中，他们会季节性地迁居到附近其他洞穴，比如夏天找凉爽通风的洞穴，冬天找温暖向阳的洞穴。为了寻找更多的食物，他们在一个地区（比如方圆5千米的地区）活动，数年后会迁居到水草更丰茂的地区。

庙岩遗址出土的砾石石核和石片

“逐水草而居”本来指的是北方游牧民族，实际上远古时期的甑皮岩人也是“逐水草而居”的。因此，当我们把时间跨度扩大到几千年时，甑皮岩人的活动范围就远不是方圆 5 千米，而是几十甚至几百千米了。根据考古发现，位于甑皮岩以南大约 14 千米的雁山区李家塘村的庙岩或许就是甑皮岩人来到甑皮岩之前的家。洞内堆积保存完好，为富含螺蚌壳和现代哺乳动物化石的黄褐色和黄灰色黏土堆积。1987 年，考古工作者在文化层中发掘出打制石器、穿孔砾石、磨槽砺石、磨制骨器、穿孔蚌器、用黏土捏制的荸荠泥塑和夹砂陶片等文化遗物，同时还发掘出两具屈肢蹲葬人骨。从文化特征来看，庙岩遗址的出土文物比甑皮岩遗址的原始，特别是陶器发现极少，器表饰绳纹，颜色呈灰褐色，胎厚，胎内夹石英砂粒和炭粒，质地粗疏，部分成饼状，吸水性强，制作方法极其原始。据测定，其陶器的烧制年代在距今 1 万年以上，是迄今所知年代最早的陶器之一。从年代和文化特征来看，庙岩人或许就是甑皮岩人的祖先。

位于甑皮岩西北面 7 千米的甲山乡唐家村轿子山东南麓的轿子岩遗址或许也是甑皮岩人来到甑皮岩之前的家。在遗址发现屈肢蹲葬 1 座，椭圆形灶坑 1 个，一些石器、石料、双孔蚌刀、骨锥以及大量水生、陆生动物遗骸，但未见陶器。

轿子岩遗址出土的打制砾石石器及半成品

位于甑皮岩西面大约 9 千米的临桂区二塘镇的大岩遗址或许也是甑皮岩人的另一个家。该遗址洞内 2.3 米厚的文化堆积可区分出 32 个自然堆积层次。这期间他们的社会发展水平经历了 6 个发展阶段。第一阶段，原始人首次来到这里，他们的社会发展水平还处在旧石器时代晚期，使用砾石打制石器从事采集、狩猎、渔捞等生产活动。第二阶段，若干年后他们再次来到这里，已经能够制作磨光骨锥、穿孔蚌器，捏制和烧制陶土块，他们开始采用仰身和侧身屈肢葬的方式埋葬死去的亲人，并且在头部及肢骨处压放数件未经加工的石块，没有随葬品。第三阶段，他们制作出圜底陶容器，懂得烹煮食物，跨入新石器时代的门槛了。第四阶段，他们制作出更多、更结实、装饰粗绳纹的夹砂陶器和比打制石器、磨制骨器更有效的磨制石斧、石锛。第五阶段，陶器种类增加，制作精良，花纹繁复，出现泥质陶和通体琢磨的石器和骨制鱼镖等，表明其新石器文化已达到较高水平，墓葬的葬式有仰身屈肢

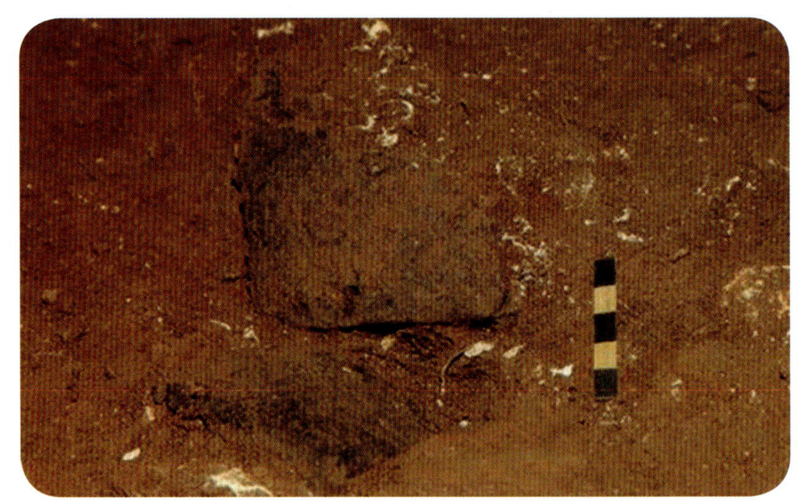

大岩遗址出土的原始陶片

大岩遗址出土的穿双孔蚌器

葬、屈肢蹲踞葬和俯身直肢葬多种，均有随葬品，包括石器、骨器和穿双孔的蚌器等，其中，屈肢蹲踞葬与甑皮岩人完全相同。第六阶段，陶器以夹细砂的红陶和灰白陶为主，器表饰拍印的方格纹；石器包括磨制精细的斧、锛和镞，表明其新石器文化已相当成熟。

通过上述比对，也许当时生活在漓江流域的人类应该属于同一部族，留存于各个洞穴遗址中的石器文化是由他们在不同时间和不同地点所创造的属于同一部族的文化。

甑皮岩人的迁徙路径

甑皮岩是一个洞口呈倒三角形的小型石灰岩洞穴，洞底（文化堆积的底部）距离洞顶最高处仅 8 米，两边高度逐渐缩小并最终相连。在 10000 多年前甑皮岩人入住之初，洞内活动空间还比较大。随着时间的推移，地面堆积物逐渐增多，居住面与洞顶的距离逐渐变窄。大约到了距今 7000 年时，除了中央部分稍高外，其他地方都变得非常低矮，显然已不方便人类使用。于是，甑皮岩人不得不废弃居住了几千年的甑皮岩洞穴，寻找新的居住地。

如果说，屈肢蹲葬可以视作甑皮岩人迁徙的路标，那么，依照这个路标，或许就可以发现甑皮岩人的迁徙路径。

在广西南部地区新石器时代晚期贝丘遗址中发现的墓葬也几乎都是屈肢蹲葬，而且它们的年代都晚于桂林诸遗址。

顶蛳山遗址

顶蛳山遗址位于南宁市邕宁区顶蛳山。其第一期遗存的主要文化遗物有绳纹、花边、附加堆纹组合的夹粗砂陶器，砾石穿孔器以及玻璃陨石质细小石片石器，其文化特征与甑皮岩遗址有区别。在第二、第三期文化遗存发现有大量墓葬，均为竖穴土坑墓，葬式有仰身屈肢、侧身屈肢、俯身屈肢、屈肢蹲葬、肢解葬 5 种，无葬具，多数墓中未见随葬品，少数墓中随葬一两件石器、骨器或蚌器，这种墓葬形制与甑皮岩遗址的非常相似。该期的文化遗物也与甑皮岩遗址有许多相似之处，如陶器都是夹粗石英碎粒的夹砂陶，纹饰多为篮纹和绳纹，器类为圜底罐、圜底釜；石器有砾石穿孔器和先打出粗坯再通体磨制的石斧、石锛及砺石，蚌器为单孔或双孔蚌刀、蚌铲，骨器有锛、斧、铲、镞、锥、针、矛、鱼钩及装饰品等多种器形，均磨制得较精细。

顶蛳山遗址

顶蛳山遗址出土的单孔蚌器

西津遗址

西津遗址位于广西横县西津水电站西竹坑。在144平方米内发现了100多具人骨架，全部为屈肢葬，其中绝大多数为屈肢蹲葬，出土时头骨坐于四肢骨上，上肢骨曲向胸前，下肢骨做蹲坐式，成抱膝状；少数为仰身、俯身和侧身屈肢葬。人骨架一般位于在当时人们丢弃的以螺蚌壳和兽骨为主的庖厨垃圾中，墓坑不明显，但在螺蚌壳较少之处仍发现有一些浅小的墓坑，另外还发现一处用螺蚌壳围成的椭圆形墓坑。大多数为单人葬，但也发现母子合葬，墓葬排列缺乏规律。随葬品很少，一般只有一两件石器、骨器、蚌器或未经加工的片石。许多人骨架上还见有赤铁矿粉末。这些葬俗与甑皮岩遗址的相似性是非常明显的。此外，在西津遗址发现的文化遗物主要有饭勺形蚌匕、三角形蚌匕、穿孔蚌刀、蚌网坠、蚌鱼钩等蚌器，鳖甲刀、骨鱼钩、骨镞、骨锥、骨锛等骨器，梯形石斧、长条形石斧、三角形石斧、单肩石斧、双肩石斧、长条形石凿、菱形石矛、三角形石刀、两端磨有凹槽的石网坠等石器及大量夹砂、夹蚌末陶片和泥质陶片，其中饭勺形蚌匕与甑皮岩遗址第五期的蚌匙非常相似。

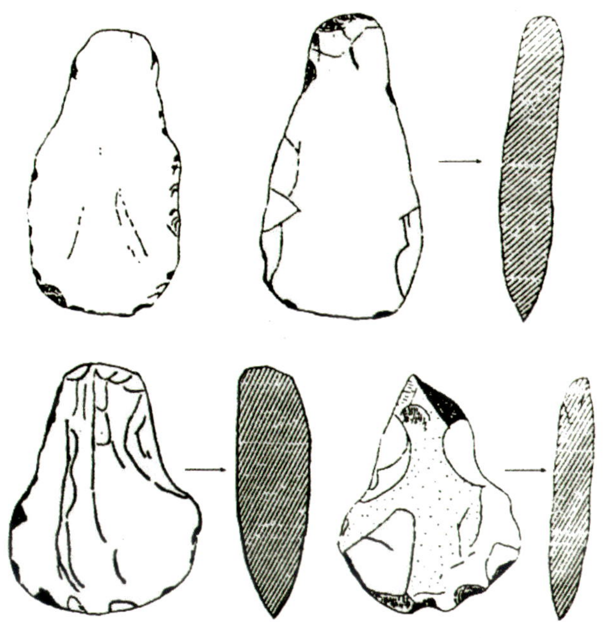

西津遗址出土的石器线图及侧剖面图

长塘遗址

长塘遗址位于南宁市邕宁区伶俐乡长塘火车站。在 5 米 ×5 米的探方内发现人骨架 15 具，也是蜷曲的屈肢葬。其中有两具周围撒有赤铁矿粉末，有 1 具周围用石子围成墓圹，有 1 具用螺壳垒成椭圆形墓圹，有 1 具手里握有蚌器。

敢造遗址

敢造遗址位于广西扶绥县昌平乡敢造渡口。在 5.2 米 ×1.6 米的探沟内发现人骨架十余具，其中有 5 具头顶朝上，下巴朝下，似为蹲葬；有两具脸朝上，为仰身直肢葬；有 6 具脸侧向一边，似为侧身屈肢葬；有两具为合葬。在5号墓人头骨周围有用烧土围成的半圆圈，头骨旁边放有一枚骨笄。

此外，在广西武鸣县罗墟乡芭勋遗址、南宁市青山公园青山塔青山遗址也发现了屈肢蹲葬墓，在越南的琼文遗址也发现屈肢蹲葬墓。

按照这些遗址所处的年代先后，屈肢蹲葬应该从桂林地区传到南宁地区。如果把桂林和南宁以及越南所有出土屈肢蹲葬的遗址在地图上标注出来并用线连接，我们就会发现，这些遗址实际上就是甑皮岩人的迁徙路标：

桂林诸遗址—漓江—桂江—浔江—郁江—横县西津遗址—南宁市邕宁区顶蛳山遗址、长塘遗址—南宁市青山遗址—武鸣县芭勋遗址—扶绥县敢造遗址—越南的琼文遗址

这是一条几乎没有岔道的甑皮岩人迁徙路线，路线的终点是东南亚半岛。

东南亚半岛——甑皮岩人的最后归宿

那么，东南亚半岛是否就是甑皮岩人的最后归宿呢？或者说，甑皮岩人是否真的就是沿着这条路线南迁了呢？要回答这个问题，还需要遗传学方面的证据。

1993年，甑皮岩遗址博物馆与广西民族研究所等单位合作，对甑皮岩人与华南和东南亚半岛新石器时代其他人类以及现代壮族的遗传关系进行了跨学科研究，结果显示，甑皮岩人与东南亚半岛新石器时代的越南班清人、老挝人有最为接近的亲缘关系。

2002年，吉林大学体质人类学专家王明辉等人将甑皮岩遗址人骨与华南和东南亚半岛近现代人群进行比较和聚类分析，结果显示，甑皮岩人与现代华南人和越南人等首先聚类，说明他们的体质特征具有很强的相似性。

2002年，复旦大学现代人类学研究中心的李辉博士与其合作者根据对大部分百越群体的遗传材料的Y染色体DNA分析结果，得出百越群体系统遗传结构有单起源的遗传迹象的结论，起源时间在距今三四万年前，起源地在广西、广东和越南北部、老挝一带；大约从新石器时代起，百越群体开始向四面扩散，其分布范围扩展到中国长江以南地区、东南亚半岛、马来西亚半岛等广大地区，其中广西的百越群体主要是向西、向南扩散。

中国社会科学院考古研究所和吉林大学体质人类学专家王明辉（中）、林雪川（右）、方启（左）在开展“甑皮岩人头像复原”研究项目。

研究得知，甑皮岩先民属于蒙古人种中的南亚种族，是华南地区更早居民的直系后代，同时，通过与近现代人群的对比研究表明，在现代华南人和东南亚人的形成过程中，甑皮岩先民的基因起到了重要的作用。

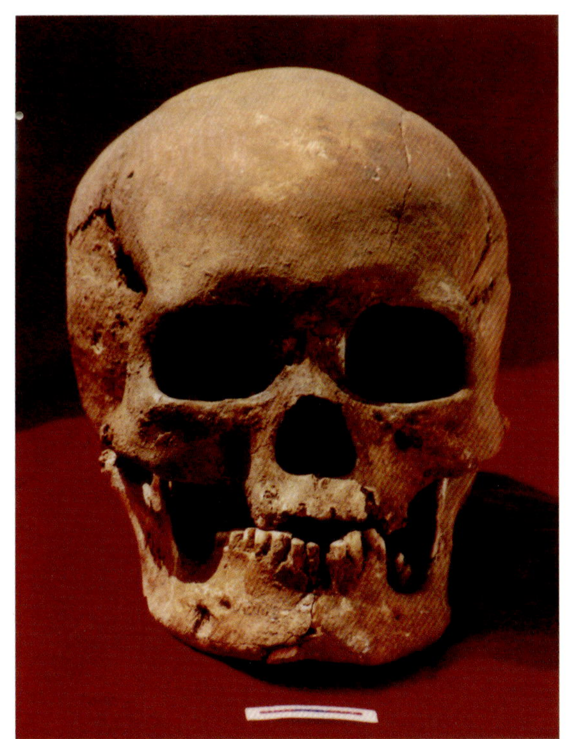

甑皮岩人女性头骨

出土层位：DT2第3层M3
出土时间：1973年
所属时代：新石器时代

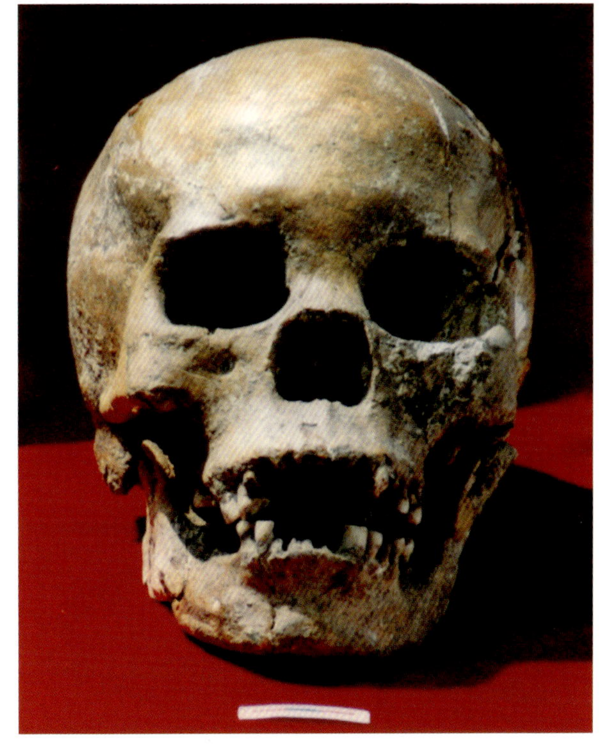

甑皮岩人男性头骨

出土层位：第3层
出土时间：1973年
所属时代：新石器时代

2006年6月3日甑皮岩人头像复原揭幕仪式现场

所有这些结果都表明，即使不能肯定甑皮岩人是新石器时代晚期以来广西及东南亚人的唯一祖先，也至少可以肯定甑皮岩人是他们的古老祖先之一，甑皮岩人对他们体质特征的形成无疑贡献了很重要的基因元素。

因此，我们也就可以肯定：离开桂林的那部分甑皮岩人沿着漓江—桂江—浔江—郁江，向南迁徙到了南宁盆地和东南亚半岛。

第四章 智慧先民

甑皮岩遗址从第一期到第五期的陶器，其制作工艺呈现出不断发展与进步的特点，『首期陶』的出土，揭示了人类从烧烤食物向烧煮食物发展的变化，触及了陶器起源的脉搏，甑皮岩人发明的双料混炼陶维器是万年桂陶的祖先，也是他们智慧和汗水的结晶。

甑皮岩陶器起源

从甑皮岩遗址出土第一期到第五期的陶器，其制作工艺呈现出不断发展、进步的特点，而其中甑皮岩“首期陶”的出土，在考古方面取得了重大突破。

甑皮岩首期陶

2001 年甑皮岩遗址再次发掘时，在甑皮岩遗址第一期文化遗存中出土了陶器残片，复原后为素面夹砂陶釜，这是第一期文化遗存唯一的一件陶器，被命名为“甑皮岩首期陶”。

这个陶釜的形状像士兵的头盔，而且胎壁做得特别厚，里面还夹有大颗的石英石，似乎是甑皮岩人用手拿泥巴随意捏成的，通过考古遗迹探寻及结合民族学、民俗学的材料来推测，甑皮岩的首期陶是手捏成型，露天堆烧而成。由于当时的人们对制陶工艺的认识还不够，在陶土选料上还把握不准，加上是露天堆烧，火候跟不上，温度不够高也不够均匀，因而这第一件陶釜就制造得相当糟糕，几乎未被使用就破裂成一堆碎片了。

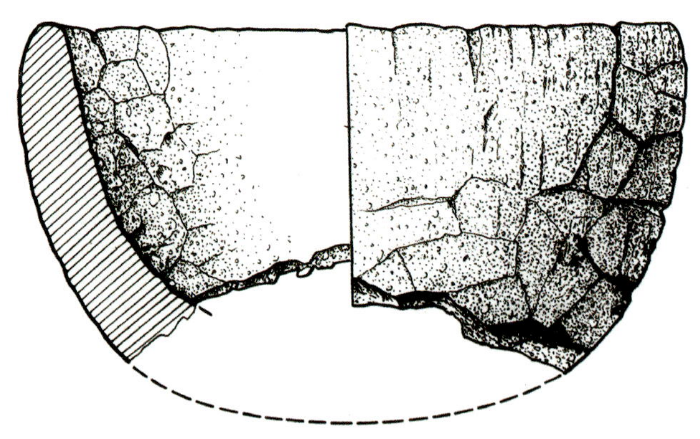

素面夹砂陶釜线图及剖面图

陶器是新石器时代的标志性器物，也是人类发展历史上的一项伟大发明。甑皮岩第一期发现的素面夹砂陶釜是中国目前发现的制作技术最原始的陶容器，距今已经 11000 年以上。

素面夹砂陶釜残片的不同视角

素面夹砂陶釜残片（口沿）

素面夹砂陶釜残片（腹部）

虽然以我们现代人眼光来看，这件首期陶的制作方法极为原始，但是它的意义和价值是极其巨大的！

在发明陶器之前，原始人主要用烧烤法和石烹法制作熟食。

烧烤法又有直烧法、石燔法、炮烧法3种：直烧法是指把猎物或采集品整个或部分架在火上烧熟或烤熟；石燔法是指把食物放在石板上，用火烧石板，间接把食物烤熟；炮烧法则是指用泥或树叶包裹食物，放在火中烧烤。

石烹法就是利用石板、石块（鹅卵石）作炊具，间接利用火的热能烹制食物的烹饪方法。它有3种形式：第一种是外加热，将石头堆起来烧至炽热后扒开，将食物埋入，包严，利用向内的热辐射使原料成熟；第二种是内加热，是将石头烧红后，填入食材（如牛羊内脏）中，使之受热成熟；第三种是投石煮法，取天然石坑或地面挖坑，也可用树筒之类的容器，内装水并放入原料，然后投入烧红的石块，使水沸腾煮熟食物。

遍布于遗址地层中的数不胜数的蚌蛤壳证明了10000多年前的甑皮岩人以此为食，蚌蛤虽然富含蛋白质，但是却非常腥臊，生食很难吃，直接烧烤也不好吃。甑皮岩人经过长期的实践，终于制作出能够烹煮蚌蛤的陶器，这让甑皮岩人首次品尝到了真正的“鲜”味。

发明陶器后，甑皮岩人不仅使腥臊的蚌蛤变成美味，他们狩猎来的兽肉也不再是过去的单一烧烤，在甑皮岩遗址第二期到第四期地层中出土有适合水煮食物的罐和釜，他们主要的烹煮方法是“一锅端”，即把所有的菜都放进一口陶罐或陶釜中——就像现代人吃“火锅”一样；到了第五期时，甑皮岩人制作出碗、圈足盘、豆等盛装食物的陶器和蚌匙这样的取食器，表明这时候他们能够烹调出种类更多的美味佳肴。

由此我们可以看出甑皮岩人费尽心机发明的首期陶，标志着“甑皮岩人”开始告别茹毛饮血和生吞活剥的时代。

陶雏器——陶器从无到有的中间产物

尽管考古工作者在遗址里只找到首期陶的残片，但仅是这小小的残片，足以令众多专家们眼睛为之一亮。

中国社会科学院考古研究所和中国科学院上海硅酸盐研究所对甑皮岩首期陶烧成温度进行测定，证实其未经250℃以上温度烧制过。换句话说，甑皮岩首期陶烧成温度极低，胎质疏松，遇水易解离，疑似没有完全陶化。

制作首期陶的掺合料成分单一，为粗大的石英颗粒，碎粒大小不等，棱角明显，最大粒径达到 1.1 ～ 1.5 厘米。陶土材料原岩为硅泥质岩石。基本成分由隐晶质组成，在 84 倍显微镜下可见高岭石、绢云母小鳞片。

2001 至 2013 年，中国社会科学院考古研究所与桂林甑皮岩遗址博物馆的专家多次组织开展模拟甑皮岩首期陶的考古实验，该实验又称“双料混炼”实验。

双料混炼

双料混炼是指利用一种自然泥土与另一种材料（土壤、石料、贝壳或其他材料）以骨肉相融的方式，按照一定比例配比，加适量水互相掺合，经过一定方式混练后，形成具有一定黏结力及抗烧炼能力的坯料，用其塑制的器物可承受一定程度的高温烧炼甚至炼而不裂的工艺。

2008 年 4 月，英国 BBC 聚焦甑皮岩遗址，拍摄原始的烧陶方法。

实验是将天然陶土与砸碎的石英石按特定比例配比，加适量水，运用双料混炼工艺充分揉练为坯料，坯料具有一定的黏结力及抗裂性，用其捏塑而成的半圆头盔型“泥塑器”仅需晾晒数日，不用烧制就可用于烧煮田螺等食物。

2016 年 9 月，中国社会科学院考古研究所、广西文物保护与考古研究所、桂林甑皮岩遗址博物馆、桂林市文物保护与考古研究院、中国民主同盟广西壮族自治区委员会经济委员会联合出具《综合意见书》，该意见书认为：

甑皮岩首期陶属于甑皮岩先民使用双料混炼技术制作成的陶雏器；甑皮岩首期陶作为中国乃至世界罕见的陶雏器，是特殊的泥塑器，也是特殊的陶器，是陶器的雏形，是陶器研究史上的重大发现，对研究陶器起源具有重大意义。

陶雏器

双料混炼陶雏器是指采用双料混炼工艺制作，通过一定方式成型，未经烧制即可承受一定程度火烧且不开裂，具有一定用途，在使用中不断经受火烧并形成一定致密度、尚未完全陶化的夹砂泥塑器，简称“陶雏器”。

甑皮岩发现的陶雏器应该是陶器从无到有的中间产物。目前在中国已公布的考古成果中，最缺乏的就是陶器从无到有的发展阶段中的考古标本，中国已有 10 多处遗址发现绝对年代超过 10000 年的陶器标本，但经科学测试，确定烧制温度不超过 250℃，而且已经成型的考古标本目前只见于甑皮岩遗址，可以说是填补了陶器研究史上的空白，这是我国陶器考古首次发现陶器起源过程的考古标本，是陶器考古的新发现。桂林甑皮岩遗址博物馆馆长周海说：“考古实验显示，双料混炼是甑皮岩陶雏器制作的关键技术，陶雏器仅需数日晾干即具备烧煮田螺功能的奥秘在于泥土和石英石颗粒两种材料特定比例、骨肉相融的混炼，双料混炼是陶器起源研究的一个新认识、新发现。”

总之，陶雏器的出现，揭示了人类从烧烤食物向烧煮食物发展的变化，触及了陶器起源的脉搏，最终促成了陶器的产生。同时，甑皮岩人发明的双料混炼陶雏器是万年桂陶的祖先，是甑皮岩人智慧的体现和结晶，桂林也因此被誉为“万年智慧圣地”。

甑皮岩人的陶器制作

甑皮岩首期陶是典型的双料混炼陶雏器，它将万年前的甑皮岩人带入了煮食文明的阶段；第二、第三、第四期出土的陶器大部分采用泥片贴筑法制坯和露天堆烧法烧造，显示出甑皮岩人陶器制造技术的发展；第五期出土的泥质陶器，出现了慢轮技术修坯，体现了甑皮岩人陶器制造技术的进步。

第一期

甑皮岩第一期的陶器制作处于萌芽阶段或初始阶段，但是，这是一个非常重要的阶段，其中双料混炼陶雏器为后来的陶器制作提供了重要的技术手段。

陶土很可能是随机选土，甑皮岩的洞壁是石灰岩，所发现的石英砾石可能是当时人类有意识采集带回洞中作为掺合料，这种石英砾石与漓江的相同，因此推测，甑皮岩一期的陶釜中的石英掺合料可能也如该期的砾石打制石器一样采自漓江河漫滩，经砸碎后掺入陶土中的。

陶器器形为敞口、圆唇、斜弧壁的圜底釜。陶釜的腹部较矮，胎壁厚薄不匀，制作粗糙，形状不规整，而且没有发现泥片贴筑或泥条盘筑的痕迹，应该是用手捏制成型的，这是陶器成型的最早阶段。器表大部分为素面，仅在近口沿部分隐约可见纹饰，似为粗绳纹，纹饰最宽约 0.5 厘米。从纹饰的方向和叠压状态观察，施纹方法为滚压而成，然后又把纹饰抹平。

根据器表开裂现象分析，这种现象应该是由于陶土里加入了粗大而未经筛选的掺合料，这会对陶器的制作，特别是成型之后、烧制之前的干燥阶段产生不利影响，容易引起陶胎的变形和开裂。甑皮岩第一期的陶器制作者显然还未认识到这一点，致使制作出的陶器器表开裂，由此可见首期陶在原料配比方面尚处于比较初级的阶段。

通过陶器残片的陶胎结构和颜色等现象分析，当时陶窑尚未出现，烧制的方法应该是平地堆烧法。

原始陶器烧制方法

从考古挖掘的窑炉资料来看，中国古代原始陶器的烧成分两大阶段。一是无窑烧成阶段，也就是所谓平地堆烧；一是穴窑烧成阶段。

平地堆烧非常简单，就是将晾干的陶坯堆在一块平地上，周围架置柴草，点火燃烧，待柴草燃尽熄灭即可。无窑烧成应当是最原始最古老也是延续时间最长的烧成工艺，在当今云南西双版纳傣族和佤族的制陶过程中，仍然使用这一烧成方法。

介于无窑烧成和穴窑烧成之间，还有一种过渡形式叫泥皮薄壳窑烧制法。虽然称其为“窑”，其实并非真正意义上的陶窑。所谓窑是可以反复多次使用的，但这种泥皮薄壳窑是一次性的，为了能更好地燃烧和保持温度，只是在平地堆烧的基础上用泥土将堆好的柴草封起。

穴窑烧制是中国古代原始陶器烧制的第二个发展阶段。它与平地堆烧相比，大大提高了燃料利用率和产品合格率。

总之，第一期陶器不但烧制温度极低，而且器物成型、干燥和烧制工艺均不成熟，从各方面都表现出比较原始的特征。

第二期到第四期

甑皮岩第二到第四期的陶器，代表了距今 10000 ～ 8000 年桂林地区史前陶器工艺的发展。这是一个比较漫长的渐进式发展过程，但此期间陶器的制作工艺整体变化不大。第二到第四期的陶土的成分较第一期的有所增加，反映出人类对陶土的选择范围增大。石英石和方解石一直是主要的掺合料，后期尤其是以方解石为主，掺合料中方解石的出现表明人类在制作陶器的过程中意识到方解石具有比石英质软、更易碎的特点。掺合料的颗粒也逐渐变小，也许史前制陶者已经注意到大掺合料的不良作用，开始逐步改进。主要是用泥片贴筑法成型，用木棒捆绑上草绳滚压陶胎施纹，烧造方法仍然采用平地堆烧法。

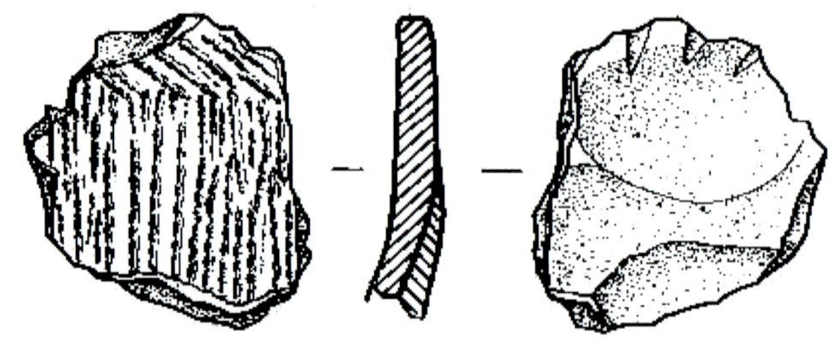

第二期陶片线图

这是一个敞口、束颈陶罐的颈部残片，器口内壁可见刮压痕及砾石垫窝。加石英红褐陶，器表饰绳纹，滚压痕清晰且印痕较深。与第一期相比陶胎较为致密，颜色也比较均匀。

第三期陶片线图

这是一个加入方解石的红褐陶釜（罐）的器底，方解石颗粒较小，大小匀称。器底较尖厚，不见贴片痕迹，应该是用手捏塑成形的。饰粗绳纹，纹饰凌乱。器胎内外同色，胎心呈褐色。

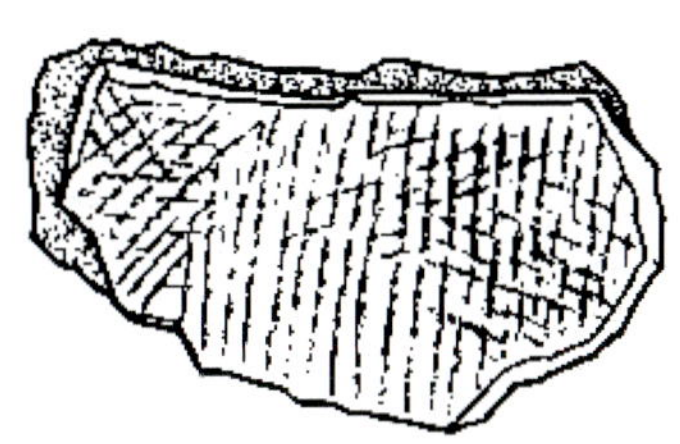

第四期陶片线图

这是一个罐类陶器接近底部的橙黄色陶片，部分陶胎及器内壁呈黑褐色，壁厚1.4厘米。从断面观察，所加的方解石砂极细，颗粒直径在0.2毫米左右，大小比较均匀，像是经过筛选。仍然采用的是泥片贴筑法，器表饰浅细绳纹。

泥片贴筑法

泥片贴筑法是指将泥料先搓成泥球，再按成泥片，然后经过手捏、拍打或滚压，使泥片之间互相粘贴在一起，筑成坯体的方法。其具体方法有两种：大泥片贴筑法，用数量少、大而厚的泥片贴筑成坯体，泥片之间相互叠压部分很窄，通常用于制作粗放的器物，釜、圜底罐和圜底钵普遍用大泥片贴筑法。小泥片贴筑法，用数量很多、小而薄的泥片贴筑成一件器物，泥片之间相互叠压部分很宽，从表面和断面可以看到多层次斜向叠压的现象，通常用于制作精致的器物。

第五期

甑皮岩第五期的陶器数量明显增多，制作工艺也有很大幅度的提高。陶土的原料成分较前期有所增加，掺合料仍然是石英石和方解石，但都经过仔细筛选，大小匀称。出现了少量的夹砂夹炭陶，但泥质陶的陶土未经淘洗，质地不纯、不细腻，原料配制工艺尚处于萌芽阶段。

第五期陶器制作方法仍然以泥片贴筑法为主，但工艺比前期大为发展，松散多层的陶胎已基本不见。而且出现了用慢轮技术，一般会在器物的口沿、肩部内外进行慢轮修整，腹部仍然采用手制，不用轮修，所以内壁常留有砾石垫窝。纹饰方面，除传统的绳纹、篮纹等编织纹外，新出现了式样繁多的刻划纹、戳印纹、按压纹，如干栏纹、水波纹、曲折纹、网格纹、弦纹、乳钉纹、篦点纹、附加堆纹等。施纹的方法和工艺也相当多样，部分陶器先施绳纹，再在上部涂抹一层细泥浆，并刻意磨光使器表光滑，而后戳印圆点，并用弧线将两个圆点连起来，构图巧妙具有美感。其器形也富于变化，有罐、釜、盆、钵、圈足盘、豆、支脚等。

第五期陶片上的纹饰

第五期的陶器多数器内外壁颜色和胎心不一致，有些器表陶色驳杂。通过这些现象推测当时仍然没有出现陶窑，还是采用的平地堆烧，陶器的受热及冷却程度不一致，致使器表的颜色驳杂。

第五期陶片线图（一）

这是一个直口钵口沿的残片，夹细碎石英石的红褐色陶。陶胎内外壁及胎心同色。器表可见轮修痕迹，断面可见两层泥片贴筑，外层泥片在口沿处内折，将内层泥片包裹形成口沿。器表饰斜绳纹。烧制火候较高。

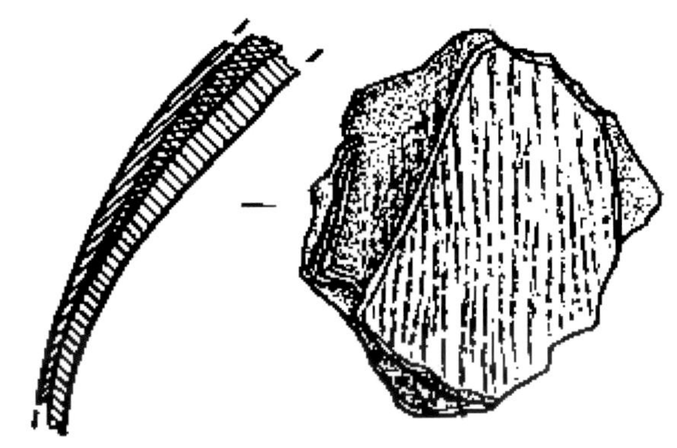

第五期陶片线图（二）

这是一个釜类陶器肩部的陶片，夹细碎石英石的红褐色陶，器表颜色不匀，表里同色，胎心略呈灰色。石英石为人工破碎后加入其颈部断面可见三层泥片筑成，肩以下断面为两层贴筑。器表饰绳纹，深浅不一。

甑皮岩人的石器制作

石器是史前人类不可或缺的生产工具和器物加工工具。从人类出现到青铜器出现前，历经了两三百万年，均属于原始社会时期，根据不同的发展阶段，这一时期又可分为旧石器时代和新石器时代。

甑皮岩遗址出土了大量的石制品，包括打制石器、磨制石器、石器加工工具、半成品以及制作石器过程中产生的石块、石片和碎屑。据统计，甑皮岩遗址共出土石器 844 件、半成品 234 件、石块 2512 件、石片 388 件、碎屑 1360 件以及未经加工的砾石 398 件。

其中，在 DT4 第 31 层约 5 平方米的面积和大约 80 厘米厚的地层堆积中共发现石制品 2086 件。其中石器 223 件，半成品 59 件，石器加工过程中截断的石块 935 件、剥离下来的石片 258 件和碎屑 611 件。另外，还发现大、小砾石 194 件，其中可制作砾石石器的 5 件，可作为石凿的棒形砾石 7 件，其余均为较小的椭圆形小砾石。尤其重要的是发现了可以拼合的石制品 4 件。可以确认，这是一处人类加工石器的场所。

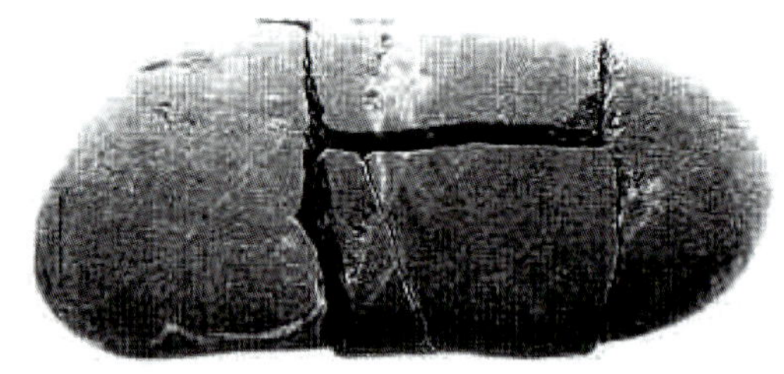

拼合石制品

打制石器时不可缺少的是加工工具，甑皮岩第一至第四期都出土了一定数量的盘状、球状和半球状花岗岩和砂岩砾石，表面没有刻意的人工加工痕迹，但有不少麻点和坑疤，而且这些坑疤通常集中在砾石的中心或边缘部位，专家推测这些砾石有可能就是用于加工石器的石锤。

甑皮岩遗址DT6东剖面

甑皮岩遗址的石器制作的发展路径，也是从打制石器向磨制石器进步。在打制工艺方面，甑皮岩人主要采用直接打击法，也有运用棒形砾石作为中介体的间接打击法，其石坯的打制因石器的不同而采用不同的方法。这些反映出制作者在加工石器之前，已经对所要制作的石器有了基本的构象，并根据这个构象选择材料、决定打制和加工的方法。

石器制作工艺—— 刃部打制痕迹

石器的加工处理是将石坯制成工具的重要步骤。我们主要通过观察加工石器的工具和出土石器表面的现象，进行制作实验，然后对比两者之间的异同来探讨这个过程。DT4 第 31 层共发现 59 件仅经截断，而未进一步加工修理的半成品。根据实验，用椭圆形或棒形砾石作为石锤，沿石坯的边缘向破裂面轻敲，即可处理出边刃。这种方法在破裂面留下一排若干个小石片疤，而修出的边刃往往成波浪形。这些特征均与出土石器所见特征极其相似。甑皮岩其他时期的石器大部分都带有这种修理痕迹。因此，锤击法应是甑皮岩石器加工修理的方法之一。

甑皮岩遗址中也出土了一批磨制石器，磨制石器是石器制造技术的重大进步，磨制石器与打制石器相比，已具备了上下左右部分更加准确合理的形制，用途更趋向于专一；增强了石器刃部的锋度，减少了使用时的阻力，使工具能发挥更大的作用。

甑皮岩史前居民对石料的选择是有一定标准的，而且已经掌握了不同岩性的岩石的差异，并利用不同的岩石制作不同的工具。如花岗岩就基本不作为器物的原料，主要用作石锤，而硬度适中，打制较容易的砂岩，一直是主要的石料。这种选择行为在各个时期都有反映，但以第一期较明显。选料之后运回洞内，制作工具往往是在洞内进行，尤其第一期的工具制作活动颇具规模。器形方面，切割器有相当部分由石片制成，而砍砸等器类以砾石为主。

此外，甑皮岩遗址中还出土了穿孔石器，穿孔技术的发明是石器制作技术上的又一次重大突破，穿孔的目的在于制成复合工具，使石制的工具能比较牢固地捆缚在木柄上，便于使用和携带，以提高劳动效率。

人类制作工具的知识是不断积累、不断从错误中汲取经验的过程，而这个过程似乎也可以从甑皮岩出土石器中看出端倪，如第二期出土了一件未曾穿透但已经开裂的花岗岩半边圆形砾石，以及另一件两面钻孔不对应的穿孔石器，都是史前工具制造者学习和掌握制作石器工艺的证据。

总之，生产工具的改进，不仅增强了人们同自然界作斗争的能力，也使社会生产和生活的天地变得日益广阔起来。

第五章 面向未来

甑皮岩遗址一直备受社会各界广泛持续深入的关注。先民们所创造的史前文化令世界瞩目。经过几代人的辛勤付出，历经数十年风雨兼程，甑皮岩遗址一定会在历史的长河中熠熠生辉，迈向新的征程。

风雨彩虹 桂林甑皮岩遗址博物馆历程

甑皮岩遗址从1965年至今，50多年来一直备受社会各界广泛持续的关注，先民们创造的史前文化展现了人类的万年智慧，令世界瞩目。甑皮岩遗址沐浴着改革开放的春风，从命悬一线的洞穴遗址发展成为华南地区首个国家考古遗址公园，正跟随新时代的脚步迈向新的征程。

从洞穴遗址到遗址博物馆

1978年12月11日，桂林甑皮岩洞穴遗址陈列馆作为广西壮族自治区成立20周年的献礼工程建成开放，主要负责甑皮岩遗址的保护、管理、研究、展示和参观接待工作，当时展馆面积只有410平方米。1981年8月25日，广西壮族自治区人民政府公布甑皮岩遗址为广西壮族自治区重点文物保护单位。1982年，在国务院公布桂林市为首批国家历史文化名城的背景下，桂林市人民政府批准将甑皮岩洞穴遗址陈列馆馆区面积扩大到58000平方米，包括甑皮岩所在的独山和洞外坡地、水域。1986年1月29日，邓小平同志莅临视察桂林甑皮岩洞穴遗址陈列馆，做出了“这是研究华南地区古代民族起源的重要资料，要保护好”的重要指示，甑皮岩遗

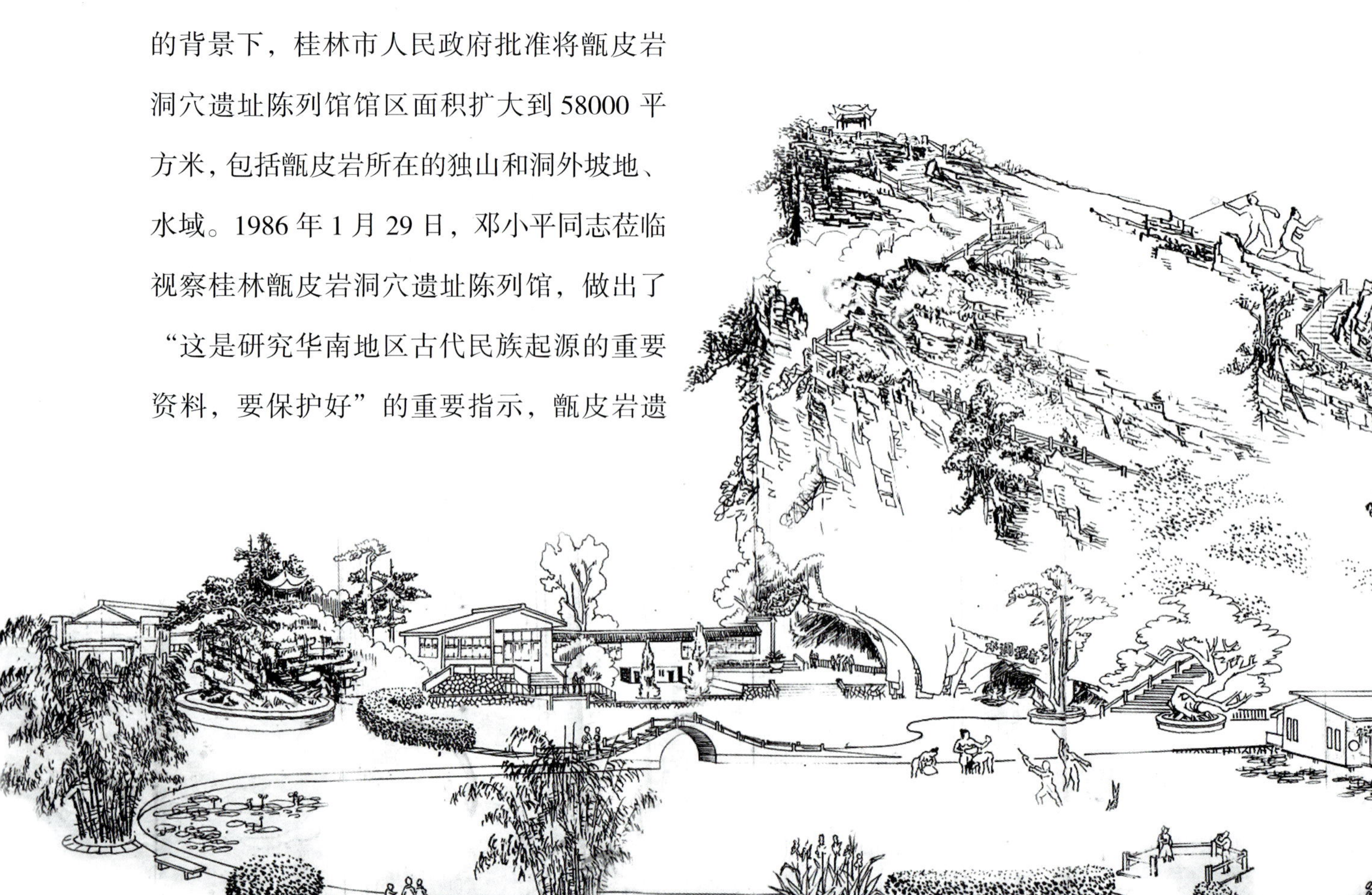

址博物馆是邓小平同志唯一参观视察过的史前文化遗址，对甑皮岩遗址博物馆的建设和发展产生了巨大的推动作用。

1978年12月，竣工落成的甑皮岩洞穴遗址陈列馆（左：北面；右：正面）

1984 年，修成的甑皮岩接待室、办公室（包括简易库房）、值班室、售票房、大门合计 500 平方米和石体保护围墙 500 多米，一举奠定了甑皮岩遗址博物馆依山环水、环境优美、馆园结合（博物馆与遗址公园）的发展格局，这一格局直至今天还主导着桂林甑皮岩遗址博物馆的建设发展。

为了贯彻落实邓小平同志的指示，1986 年 10 月，中国原始社会史暨甑皮岩遗址学术研讨会在桂林举办，这是甑皮岩洞穴遗址陈列馆承办的第一次全国性学术会议，出版了《甑皮岩遗址研究》一书，该书系统总结了 20 世纪 70 年代以来甑皮岩遗址的多学科研究成果。1987 年，经桂林市委、市政府审核，桂林市编制委员会批准甑皮岩洞穴遗址陈列馆为正科级事业单位。1990 年，桂林市启动编制《甑皮岩原始文化公园规划》，并先后拨款 36 万元修建水塘驳岸、文物库房、独山登山道，使甑皮岩遗址保护环境得以改善，参观游览区域向独山延伸。

胡大鹏馆长绘制的《甑皮岩原始文化公园规划图》

依山傍水的桂林甑皮岩遗址博物馆

2001 年 4 ～ 8 月，为了进一步解决甑皮岩遗址悬而未决的学术问题和保护问题，甑皮岩洞穴遗址陈列馆和中国社会科学院考古研究所、广西文物工作队、桂林市文物工作队合作对甑皮岩遗址进行再次发掘，发掘面积 10 平方米，整理出版了 60 万字考古发掘报告《桂林甑皮岩》，重新确定遗址年代为距今 12000 ～ 7000 年，文化遗存分为 5 个时期，其中以第二至第四期文化遗存为代表，分布在桂林周边的洞穴文化遗存被命名为“甑皮岩文化”。本次甑皮岩遗址发掘被评为“国家文物局田野考古二等奖”（一等奖空缺），《桂林甑皮岩》被评为“中国社会科学院考古研究所夏鼐考古学研究成果二等奖”“中国社会科学院优秀成果二等奖”等多项科研奖项。

甑皮岩遗址的“全国重点文物保护单位”碑

随着甑皮岩遗址考古价值与学术地位的重新确立，2001 年 6 月 25 日，国务院公布甑皮岩遗址为第五批全国重点文物保护单位，标志着甑皮岩遗址保护管理工作迈入了新的历程。2001 年 11 月 7 日，桂林市机构编制委员会批准甑皮岩洞穴遗址陈列馆更名为“桂林甑皮岩遗址博物馆”。2003 年 4 月，广西壮族自治区发改委批准投资 600 万元实施甑皮岩古人类遗址景区一期工程，全面提升改善了甑皮岩遗址环境和开放服务设施。

为了总结、展示与宣传甑皮岩遗址考古研究和保护管理的最新成果，2003年12月，中国社会科学院考古研究所、广西壮族自治区文化厅、桂林市人民政府联合举办了“华南及东南亚史前考古——纪念甑皮岩遗址发掘三十周年国际学术研讨会”，著名考古学家安志敏、石兴邦、仇士华、张忠培、严文明和来自美国、英国、澳大利亚、新西兰、意大利、加拿大、日本、越南、泰国、菲律宾、印度等多位考古学者出席该学术盛会，这是迄今为止关于华南及东南亚地区史前考古规格最高、影响最为深远的一次国际性学术研讨会，确立了甑皮岩遗址在华南乃至东南亚史前考古学中的重要地位，甑皮岩遗址由此走向世界，蜚声中外。

2004年8月，桂林甑皮岩遗址博物馆和桂林市文化局、市科技局、市科学技术协会联

2003年12月11日，我国5位考古学泰斗安志敏先生、石兴邦先生、仇士华先生、张忠培先生、严文明先生一同出席“华南及东南亚史前考古——纪念甑皮岩遗址发掘三十周年国际学术研讨会”，并考察了甑皮岩遗址博物馆，传颂了中国考古界的一段佳话。

2005 年 11 月 20 日，著名考古学家、美国哈佛大学人类学 Bar Yoef 教授（右二）、高德教授（左一）考察甑皮岩遗址博物馆。

The Zengpian excavations are a major contribution to our understanding the evolution of cooking in prehistory.

Ofer Bar-Yosef 2005.11.20

החפירות בזנגפיאן הם תרומה חשובה להבנת ההיסטוריה
של הבישול בפריהסטוריה. כמו כן הדו"ח שיצא לאור הוא דוגמה
ומופת לפרסום דו"ח מלא של החפירות.
עופר בר-יוסף 20.11.2005

2005 年 11 月，著名考古学家、美国哈佛大学人类学 Bar Yoef 教授为甑皮岩遗址博物馆题词：甑皮岩遗址的发掘研究对全面了解史前时代人类饮食方式的发展演化是一个重大贡献。

2007 年 10 月 14 日，著名考古学家、英国布里斯托尔大学 Richard P.Evershed 教授（左三）、中国地质大学生命和环境地质重点实验室谢树成教授（左一）考察甑皮岩遗址博物馆。

合举办首届“甑皮岩考古夏令营”活动，开启了广西公众考古的新探索。2005 年 11 月，成功注册“甑皮岩”和“甑皮岩人”四类旅游产品和服务项目商标，成为广西第一个注册商标的博物馆；2005 年 12 月 10 日，桂林甑皮岩遗址博物馆与中国社会科学院考古研究所、吉林大学边疆考古中心合作实施“甑皮岩人头像三维复原”研究项目，并向公众推出甑皮岩先民“复活”展示项目，填补了华南史前人头骨三维复原研究的空白。

甑皮岩人男性头骨复原像

甑皮岩人女性头骨复原像

专家根据甑皮岩遗址出土的人类肢骨、锁骨和骨盆，测算出了甑皮岩人的身高。1994 年，张子模等测量和计算了甑皮岩遗址 3 个男性和 3 个女性的身高，结果显示：3 个男性平均身高为 161.16 厘米，略高于现代广西马山县成年壮族男性 160.95 厘米的平均身高，3 个女性平均身高为 156.51 厘米，也高于现代广西马山县成年壮族女性 148.93 厘米的平均身高。2002 年，王明辉等用不同的方法重新测量和计算了这些甑皮岩人的身高，结果显示：男性平均身高为 164.06 厘米，略高于现代广西汉族男性平均身高 163.6 厘米，女性平均身高为 161.14 厘米，尤其 DT2M5 身高达到 166.6 厘米，高出现代广西汉族和壮族女性平均身高很多，甚至比现代广西成年汉族男性的平均身高还高。即使在我们今天人眼里，甑皮岩的男人也算得上身材标准、体格健壮，女人则更是身材高挑、体格健美。在万年前的石器时代，他们个个都可以说是俊男靓女呢！

为了探索甑皮岩史前文化与旅游的融合，2006 年 7 月 16 日，甑皮岩遗址博物馆提出“异地开发甑皮岩文化”的新思路，与阳朔县千漓缘文化旅游有限公司合作在阳朔十里画廊图腾古道景区建成甑皮岩古人类遗址阳朔展示馆，形成了甑皮岩遗址“一址两馆”的发展新格局。2010 年被评为 4A 景区，年接待中外游客 100 万人次。

阳朔展示馆大门

阳朔展示馆内景（局部）

2007年之后，甑皮岩遗址博物馆继续探索实践具有甑皮岩特色的公众考古活动。2007年5月，组织创作并进行了著作权登记甑皮岩遗址博物馆宣传广告语“走进甑皮岩——寻访万年前的桂林人”；2007年6月，组织编写出版桂林第一本考古科普图书《寻访万年前的桂林人》；2008年4月，国际著名传媒英国BBC《人类之旅》摄制组走进桂林，聚焦甑皮岩制陶文化及桂林山水环境，向全世界宣传山水甲天下的桂林是陶器的故乡。经过多年的探索，甑皮岩遗址博物馆梳理提出了“公众考古从青少年抓起”的新理念，并于2009年7月

“万年前的桂林人”陈列场景一

建成了广西第一个“模拟考古乐园”，面向广大青少年推出了模拟考古发掘、仿制陶器石器、模拟狩猎、钻木取火、原始火锅体验等参与互动活动，深受广大青少年学生的喜欢。2010 年，著名考古学家张忠培先生为甑皮岩公众考古活动题词“公众考古从娃娃抓起，文物保护就有希望。”

从 1978 到 2009 年，甑皮岩遗址博物馆遵循“发掘最少面积获取最多信息”“异地开发甑皮岩史前文化”“公众考古从娃娃抓起”等理念，将甑皮岩由广西壮族自治区文物保护单位升格为全国重点文物保护单位，探索了从考古遗址到遗址博物馆、从“一址两馆”到馆园结合的发展之路，成为华南地区史前洞穴遗址保护利用的典范。

“万年前的桂林人”陈列场景二

绿荫伏波的多功能展示厅外景

从遗址博物馆到国家考古遗址公园

2010年，国家文物局启动了全国第一批国家考古遗址公园的申报工作，正式把国家考古遗址公园作为我国大遗址保护的一种新模式。针对甑皮岩遗址文化遗存只有300平方米，但学术价值较高、学术影响较大的特点，甑皮岩遗址博物馆提出了“以小见大”（即小遗址大影响）的申报思路，得到了评审专家和国家文物局的支持。2010年10月，甑皮岩遗址被国家文物局公布为全国第一批23个国家考古遗址公园立项名单，并于2013年7月入选“十二五”全国150处大遗址名录，标志着甑皮岩遗址上升为国家大遗址保护发展战略。

为了研讨、探索甑皮岩考古遗址公园建设发展之路，2010年11月，中国博物馆协会、广西壮族自治区文化厅、桂林市人民政府联合举办“中国桂林·史前文化遗产高峰论坛暨中国博物馆协会史前遗址博物馆专业委员会第八届学术研讨会”，形成了史前文化遗址保护与考古遗址公园建设桂林的共识，为甑皮岩考古遗址公园建设指明了方向。

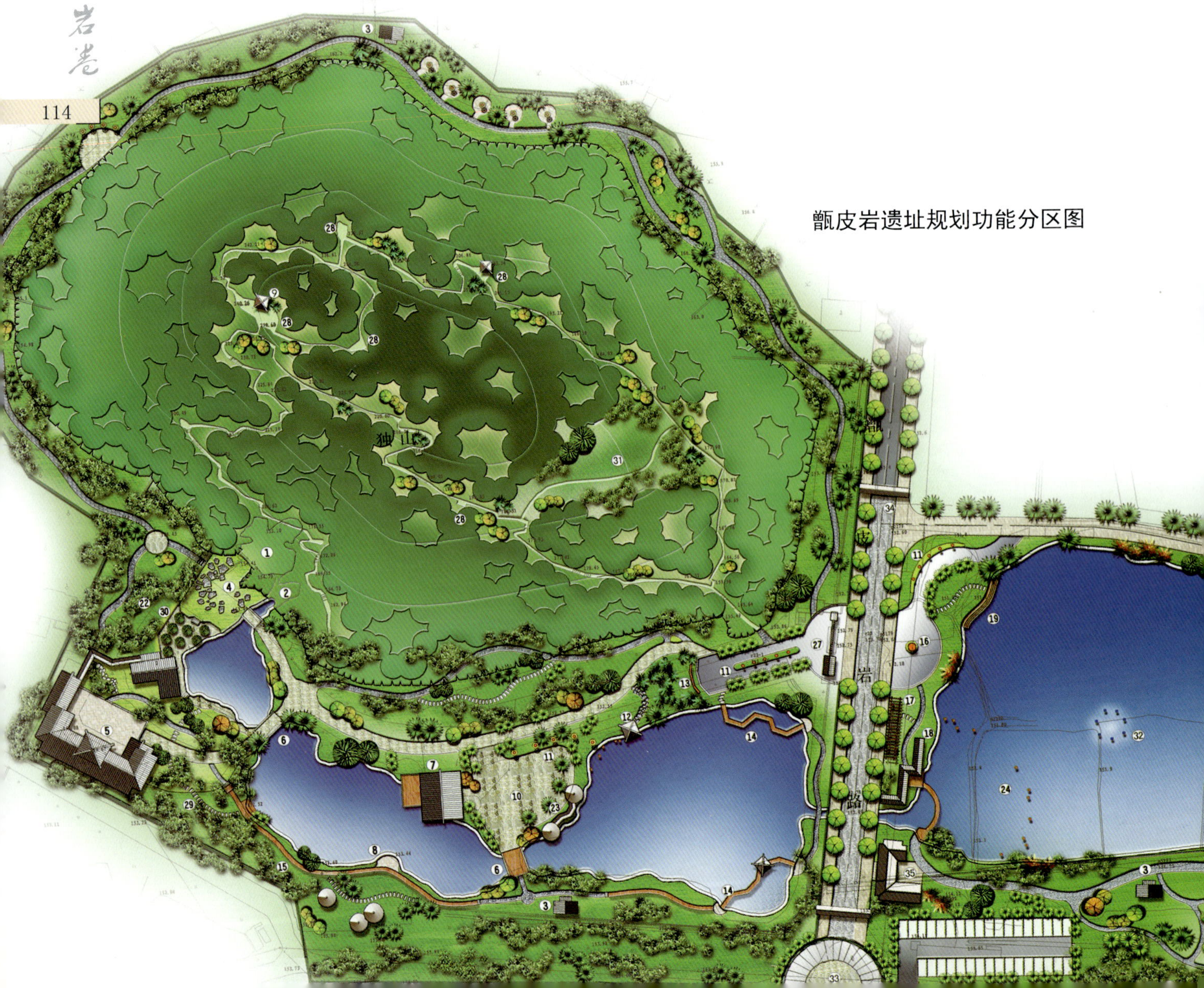

甑皮岩遗址规划功能分区图

2011 年 5 月 16 日，甑皮岩考古遗址公园开工建设。数年来，在国家文物局、广西壮族自治区文化厅、桂林市人民政府的重视和支持下，累计落实了甑皮岩大遗址保护与国家考古遗址公园建设资金 8500 多万元，其中：中央资金 6000 多万元，地方配套 2500 万元。甑皮岩遗址博物馆按照“由点到片”的思路开展考古工作，在桂林市 6 个城区范围内调查发现了近 100 处史前文化遗址，使桂林成为中国发现史前洞穴遗址最丰富、最集中的历史文化名城之一。并先后发掘了大岩、螺蛳岩、象鼻岩、新岩、父子岩、塔山等遗址，为研究甑皮岩文化的来龙去脉及长江流域与珠江流域乃至东南亚地区史前文化交流找到了新的重要线索。同时，新征城市一类用地 28667 平方米，拆迁安置近 10000 平方米，实施了甑皮岩遗址抢救性文物保护设施、危岩治理、洞顶滴水防渗、地下水害防治、环境保护整治、文物修复、保护展示等一系列文物保护项目，建设了甑皮岩遗址新博物馆、小平足迹馆、遗址公园景观大门、4 星级旅游厕所、停车场等设施，争取到中国桂林·洞穴遗址考古研究中心、中国社会科学院考古研究所华南史前考古研究基地、中国骨蚌质文物保护科技研究基地等科研平台先后落户甑皮岩考古遗址公园。

2013 年 12 月，国家文物局公布全国第二批 12 个国家考古遗址公园，甑皮岩遗址榜上有名。短短 3 年，甑皮岩实现了从立项到挂牌的跨越，成为目前华南地区首个国家考古遗址公园！

为了总结、交流国家考古遗址公园建设经验，2015 年 11 月，在国家文物局的指导下，国家考古遗址公园联盟、中国社会科学院考古研究所、广西壮族自治区文化厅、桂林市人民政府在桂林联合举办了“大遗址保护与旅游融合高峰论坛暨国家考古遗址公园联盟第五届联席会”，发布了大遗址保护与旅游融合桂林宣言，编辑出版会议成果《大遗址保护与旅游融合高峰论坛暨国家考古遗址公园联盟第五届联席会文集》，对推动我国大遗址保护与国家考古遗址公园建设产生了深远影响。

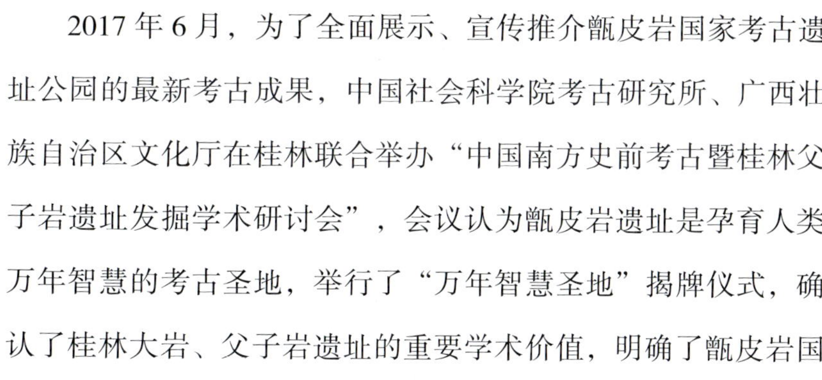

2017 年 6 月，为了全面展示、宣传推介甑皮岩国家考古遗址公园的最新考古成果，中国社会科学院考古研究所、广西壮族自治区文化厅在桂林联合举办“中国南方史前考古暨桂林父子岩遗址发掘学术研讨会”，会议认为甑皮岩遗址是孕育人类万年智慧的考古圣地，举行了“万年智慧圣地”揭牌仪式，确认了桂林大岩、父子岩遗址的重要学术价值，明确了甑皮岩国

家考古遗址公园建设发展的基本框架——“一园多点”。同年，甑皮岩遗址博物馆与中央电视台合作，先后拍摄了《中华陶器之源》《少年考古记》等专题片，取得了很好的社会反响。

2018年，在甑皮岩遗址博物馆建馆40周年之际，甑皮岩国家考古遗址公园二期工程竣工，综合服务中心、模拟考古体验中心、考古文化长廊、时光隧道影院以及先祖雕像广场、小平足迹广场、公园东大门等配套服务设施投入使用，推出“万年先祖、万年智慧、万年饮食、伟人足迹”等核心游览体验品牌项目，实现甑皮岩遗址由保护为主向展示、阐释、利用为主的转变。

2010至2018年，甑皮岩遗址博物馆按照“以小见大、一园多点、从点到片”的理念，使甑皮岩从全国重点文物保护单位上升为国家大遗址战略，从遗址博物馆发展成为国家考古遗址公园，开创了国家考古遗址公园不以遗址规模大小、投资多少作为唯一评判标准的建设新思路，探索了立足遗址文化内涵、以“小”遗址建“大”公园的大遗址保护与国家考古遗址公园建设的“甑皮岩模式”。

站在新的历史起点，被誉为“万年智慧圣地”的甑皮岩国家考古遗址公园将在新的征程中为传播中华先民智慧、激发民族自豪感、增强国民文化自信、提高国家文化软实力方面发挥更大的作用。